Inhalt

Vorwort 6

Gartengestaltung 8

Gärten umgestalten 10

Wasser im Garten 16

Bauen im Garten 28

Gartenpraxis 38

Garten im Winter 40

Richtiges Gießen 48

Boden und Substrate 54

Gehölze schneiden 64

Rosen, Stauden und Gräser 72

Rasen und Wiese 84

Gartengenuss 92

Obst aus eigener Ernte 94

Küchenkräuter 104

Der Gemüsegarten 114

Register 124

Bildquellen, Impressum 126

Vorwort

„Oh, die Familie Käfer! Ihnen brauche ich erst gar keinen Sitzplatz anzubieten. Es ist das Beste, Sie nehmen Ihren Sohn gleich wieder mit nach Hause."

Das waren die Worte meines Klassenvorstandes beim Elternsprechtag des 2. Jahrgangs der höheren Gartenbauschule zu Wien-Schönbrunn. Während sich nun mein Vater in mein Internatzimmer zurückzog um ein wenig zu schlafen, gingen meine Mutter und ich weiter, von einem Lehrer zum anderen, in der Hoffnung, doch noch irgendwo einen Sitzplatz angeboten zu bekommen. Ich vermute, dass es die vier „nicht genügend" und das „wenig zufriedenstellend" in Betragen im Zeugnis waren, welche die Lehrer so pessimistisch stimmten, aber wie gesagt, das ist nur eine Vermutung. Letztendlich fragte mich meine Mutter während der Heimfahrt, ob ich den Abschluss wirklich schaffen könne. Ohne den Hauch eines Zweifels antwortete ich gelassen: „Na sicher!" Es war ja mein fester Entschluss, Gärtner zu werden. Und ich habe tatsächlich den 2. Jahrgang geschafft und die Schule erfolgreich zu Ende gebracht.

Auch mein Großvater war Gärtner, jedoch nicht aus freien Stücken. Er wollte eigentlich Elektriker werden. Er war nur seiner Zeit ein wenig voraus, da um 1917 Elektrikerlehrlinge nur wenig gefragt waren. Und schon gar nicht in Holzhüttenboden, einem kleinen Ort am Fuße des Zellereins in Niederösterreich. Dort befindet sich das Gut der Rothschilds. Fast alle meine Vorfahren mütterlicherseits

Gärtner wider Willen, mein Großvater.

Ein Blick auf die Zwiebelpflanzenkultur.

Die moderne Stahlkonstruktion ersetzte das alte Holzgewächshaus.

haben bei den Rothschilds gearbeitet. Die Männer im Wald als Oberförster, Forstarbeiter und Holzknechte. Die Frauen verrichteten die Arbeiten im und rund um das Haus. Nur mein Großvater, Max Fiers, musste Gärtner lernen, weil eben gerade ein Gärtner benötigt wurde. Er war mit den Jahren so gut, dass ihm die Rothschilds anboten, ihn mit nach England zu nehmen, was er aber ablehnte.

Sie sehen am Beispiel meines Großvaters und anhand meines Werdeganges, dass man nicht als Gärtner geboren wird. Ich glaube aber, dass es kaum einen anderen Beruf gibt, den man im Lauf der Jahre so sehr lieben lernt. Es geht nicht mehr nur darum, Pflanzen das Leben zu retten oder einen Garten zu verschönern, es geht vielmehr darum, den Menschen Freude zu bereiten. Pflanzen und Gärten haben in den letzten Jahren einen immer größeren Stellenwert bekommen. Überall werden Blumen verkauft, doch jene die sich damit wirklich auskennen, werden immer seltener. Wer sich seine Blumen zwischen Seidenstrümpfen und Konservendosen im Supermarkt sucht, nimmt aber dem Gärtner die Chance zu überleben, denn von der Beratung alleine kann man in diesem Beruf nicht existieren. Doch zum Glück ist eine Änderung des Kaufverhaltens sichtbar – hin zu mehr Ehrlichkeit und Fairness. Die Kunden wissen, dass Service und kompetente Beratung nicht kostenlos sein können. Und ohne das Wissen und die Hingabe eines Gärtners bereiten Pflanzen und Blumen oft nur eine kurze Freude. Mit dem Kauf dieses Buches haben Sie gezeigt, dass Sie sich ernsthaft mit der Materie Pflanzen, Blumen und Garten auseinandersetzen wollen. Vielleicht wird nicht alles auf Anhieb gelingen. Mit etwas Ausdauer kommen aber das richtige Verständnis und die Liebe von selbst. Sie brauchen nur ein wenig Geduld, denn niemand wird als Gärtner geboren.

Johannes Käfer, Januar 2007

Garten
Gestaltung

Gärten umgestalten

Gärten, so mag man glauben, erreichen eines Tages einen Idealzustand. Doch das ist leider ein Irrtum! Selbst wenn man an dem Punkt angekommen ist, wo Eifer und Ehrgeiz ein wenig nachlassen, und man das selbst geschaffene Paradies einfach nur noch genießen möchte, macht sich gleich wieder ein wenig Unruhe breit und neue Ideen kommen einem in den Sinn. „Wenn das alles nur nicht mit so viel Arbeit verbunden wäre", denkt sich nun der Gartenfreund und sucht nach einem Weg, um mit geringem Aufwand möglichst viel zu bewirken. Sie werden sehen, dass Sie mit den verschiedensten Materialien und ohne allzu großen Aufwand auch durch eine kleine Veränderung eine große Wirkung erzielen können.

Wasserspiele und Miniteiche

In jedem Garten gibt es Bereiche, in denen effektvolle Veränderungen oder Neugestaltungen möglich sind. Dabei muss es sich nicht um große Bauvorhaben handeln, oft reichen schon kleine Eingriffe.
Den größten Effekt, um einen Garten spannender zu gestalten, erzielt man erfahrungsgemäß mit dem Element Wasser, wobei Sie nicht gleich einen neuen Gartenteich anlegen müssen. Bereits ein kleines Wasserspiel oder ein Miniteich können ein attraktiver Blickfang sein, noch dazu mit großer Wirkung und so einfach errichtet (siehe auch Seite 77). Ein schlichtes, mit Wasser gefülltes Gefäß, in dem Sie Steine, Sand und Pflanzen arrangieren, zieht die Blicke auf sich, besonders in Terrassennähe. Ein Sprudelstein in der Nähe Ihres Lieblingssitzplatzes lädt zum Ausruhen und zur Meditation ein. Nichts beruhigt mehr als das sanfte Plätschern von Wasser. Auch ein Sprudelstein ist einfach zu installieren.

Wasserspiele machen den Garten lebendig.

Vielseitige Steine

Nicht nur mit Wasser erzielen Sie im Garten gute Effekte, auch Steine eignen sich in jeder Form. Ob Trittplatten oder Mauersteine, Klinker oder Natursteine – einigermaßen geschickt und mit etwas Fantasie verlegt, verleihen sie Ihrem Garten ein neues Gesicht.
Mit einfachen Trittplatten können Sie beispielsweise einen Weg durch den Garten anlegen Besucher Ihres Gartens werden so zu manch einem sehenswerten Platz geleitet, den sie sonst womöglich nicht entdeckt hätten. Die Arbeit lässt sich in einigen wenigen Stunden bewerkstelligen und der Garten gewinnt an Attraktivität.
Trittsteine im Rasen oder in der Wiese sind recht einfach zu verlegen, auch für Anfänger ohne Vorkenntnisse. Legen Sie zunächst den zu verlegenden Stein oder die Kunststeinplatte auf den Boden und stechen Sie dann entlang der Kanten mit einem Spaten in den Boden. Legen Sie nun den Stein beiseite und heben Sie die Grasnarbe je nach Dicke der Platten ca. 5-10 cm tief ab. Jetzt füllen Sie so viel Sand in die Vertiefung, dass die Platte gut aufliegt und ebenerdig mit der Umgebung abschließt. Ebenerdig deshalb, weil ein überhöhter oder hervorstehender Stein spätestens beim Rasenmähen Probleme bereiten würde. Unterschätzen Sie auch nicht die Stolpergefahr bei überstehenden Steinen!

Trittsteine im Rasen sind schnell verlegt.

Die Platten dürfen aber auch nicht zu tief liegen, da sonst von der Seite her Gras und Moos darüberwachsen würde. Dies erschwert die Reinigung und führt schlimmstenfalls dazu, dass die Steine völlig überwuchert werden und eines Tages ganz verschwunden sind.
Machen Sie nun nicht den Fehler, kreuz und quer durch den Garten solche Wege anzulegen. Wege sollen den Garten gliedern und erschließen und sich harmonisch ins Gesamtbild einfügen. Aber jede Kurve und jede Biegung muss einen Grund haben – z. B. ein Strauch oder ein Baum, der in der Wegflucht steht und dadurch die geänderte Wegführung begründet. Ebenso muss jeder Weg ein Ziel haben. Geeignete Ziele sind ein Gartenhäuschen, eine Laube oder ein kleiner Sitzplatz. Eine Skulptur oder ein Statue können dem gleichen Zweck dienen.

Farbe in schattigen Ecken

In fast jedem Garten gibt es eine oder mehrere Stellen, an denen die Pflanzen nur kümmerlich oder gar nicht wachsen. Besonders Rasenflächen, die im tiefen Schatten liegen, machen oft Probleme. Statt zu verzweifeln und gegen Moos zu spritzen, verlegen Sie hier einfach wie oben beschrieben einige Natursteinplatten. In die Fugen streuen Sie ein Sand-Erde-Gemisch, so können diese schneller verwachsen bzw. vermoosen. Auf die so gepflasterte Fläche stellen Sie nun mit Funkien, Astilben oder Anemonen bepflanzte Töpfe oder Gefäße. Hauptsache, die Pflanzen eignen sich für den Schatten. Sie können diese auch mit Sommerblumen wie Fuchsien oder Knollenbegonien kombinieren – so bringen Sie Farbe in die bis dahin dunkle und ungenutzte Ecke. Eine alte Gießkanne oder ein ausrangierter Gartenstuhl als Dekoration vollenden das Stillleben.

Beeteinfassung mit Klinkersteinen

Steine eignen sich nicht nur zur flächigen Gestaltung von Wegen und Sitzplätzen, sie lassen sich im Garten wesentlich vielseitiger einsetzen.
Pflaster- oder Klinkersteine ergeben auch wunderschöne Beeteinfassungen, die nicht nur schön, sondern zudem praktisch sind. Sie verhindern, dass der Rasen in eine bepflanzte Fläche wächst, oder umgekehrt, die Beetbepflanzung den Rasen verunstaltet.
Auch hier ist das Verlegen denkbar einfach: Stechen Sie zunächst mit dem Spaten eine Rinne, die genauso breit ist wie die verwendeten Steine. Nun legen Sie die Steine hinein

Pflanzen für schattige Ecken

Art/Sorte	Blütenfarbe und -zeit	Wuchshöhe	Besonderes
Elfenblume *(Epimedium x versicolor)*	rot, gelb orange, cremeweiß, purpur, IV-V	bis 30 cm	wertvoller Bodendecker zum Verwildern
Frauenmantel *(Alchemilla mollis)*	hellgelb, VI-VII	30-50 cm	sehr wüchsig, zum Verwildern
Funkie *(Hosta)*	weiß, rosa, lila, VI-VIII	40-90 cm	schöne Blattzeichnung, große Vielfalt
Herbststeinbrech *(Saxifraga fortunei)*	weiß, rosa, rot je nach Sorte VI-X	25 cm	für kleine Flächen, zwischen Steinen
Immergrün *(Vinca)*	blau, weiß, rosa	10-20 cm kriechend	guter Bodendecker
Ligularie *(Ligularia dentata* 'Desdemona')	hell- und dunkelorange	80-150 cm	ideal an schattigen Wasserstellen
Prachtspiere *(Astilbe)*	weiß, rosa, rot, lila VI-IX	60-100 cm, Zwergsorten bis 20 cm	ebenerdiger Rückschnitt im Winter
Schaumblüte *(Tiarella)*	weiße Blütentrauben IV-V	20-35 cm	Bodendecker für Waldmotive
Silberkerze *(Cimicifuga ramosa* 'Atropurpurea')	weiß, cremeweiß IX-X	100-200 cm	ideal zur Vorpflanzung vor Gehölzgruppen
Storchschnabel *(Geranium)*	rosa, lila, blau, V-IX	je nach Gattung 20-70 cm	große Vielfalt, lange Blütezeit

und klopfen Sie diese mit einem Gummihammer vorsichtig fest. Sie können die Steine auch auf Sand oder Beton verlegen, dann ist es stabiler. Die Steine sollen ganz eben im Boden liegen und mit der Rasenfläche abschließen. Das spart das lästige Nacharbeiten mit dem Kantentrimmer.

Pflanzinseln mit Kieselsteinen

Kies oder Rundschotter können richtig platziert attraktive Akzente im Garten setzen. In der Regel verwendet man dieses Material als Wegebelag, grober Kies eignet sich auch hervorragend zur Abdeckung von Pflanzflächen.

Besonders Gräser kommen so gut zur Geltung. Damit kein Unkraut zwischen den Steinen wächst, können Sie ein Vlies, wie es auch im Teichbau verwendet wird, um die Pflanze herum legen. Bei einer Neubepflanzung schneiden Sie das Gewebe an der Stelle, wo die Pflanze zu stehen kommt, kreuzförmig ein.

Käfers Gartentipp

Verwenden Sie frostfeste Klinker. Den Unterschied zu nicht frostfesten Klinkersteinen erkennen Sie am Preis oder spätestens nach dem nächsten Winter.

Nach dem Pflanzen bedecken Sie die Fläche einige Zentimeter mit Kies. Mit dieser Methode schlagen Sie gleich zwei Fliegen mit einer Klappe: Das Vlies bietet einen dauerhaften Schutz vor Unkraut und die Steine werten die Pflanzung optisch ungemein auf.

Mit Pflanzen gestalten

Das wichtigste Element für die Gestaltung des Gartens sind natürlich die Pflanzen. Einzelne Gehölze an der richtigen Stelle gepflanzt, können das Erscheinungsbild des gesamten Gartens beeinflussen und verändern.

Ein geräumiger Garten, der auf einen Blick überschaubar ist, wirkt auf den Betrachter sehr schnell langweilig. Teilt man die Fläche aber in kleinere Räume auf, wird der Gartenbesucher neugierig und ist aufgefordert, den Garten zu durchwandern. Ein Raum, der nicht sofort einsehbar ist, lässt sich schon mit zwei oder drei Sträuchern schaffen.

Unansehnliche Bereiche können Sie mit den richtigen Pflanzen an der richtigen Stelle sehr gut kaschieren, beispielsweise die Kompostecke, die man nicht unbedingt im Blickfeld haben möchte. Hierfür eignen sich beispielsweise Hainbuchen. Auch der immergrüne Kirschlorbeer bietet ganzjährig einen ausgesprochen guten Sichtschutz. Außerdem

Wunderschön, aber pflegeintensiv: Staudenbeete.

wächst dieses Gehölz auch in schattigen Bereichen. Das ist von Vorteil, da Komposthaufen meistens im Schatten platziert sind.
Weitere wunderschöne schöne Gestaltungseffekte lassen sich mit Stauden und Gehölzen erzielen – von der Beeteinfassung mit niedrigem Heckenbuchs bis hin zur Gestaltung mit Bodendeckern.

Ranker und Klimmer

Alte oder unansehnliche Mauern lassen sich einfach verschönern, indem Sie sie begrünen. Wilder Wein rankt sich sogar auf glattem Schalbeton empor. Poröse Wände im Halbschatten oder Schatten bilden den idealen Lebensraum für Efeu, der auch im Winter sein Laub behält. Die Angst, dass der Efeu die Mauern zerstört, ist unbegründet. Das Gegenteil ist der Fall. Brüchiges Mauerwerk wird gefestigt und durch den Bewuchs bleiben feuchte Mauern sogar trockener. Wenn Sie sich allerdings dazu entschließen, eine Mauer zu begrünen, sollten Sie dies gut überlegen. Hat die Kletterpflanze erst eine gewisse Höhe erreicht, ist sie nämlich nicht mehr ohne weiteres rückstandslos zu entfernen. Umfangreiche Sanierungen wären nötig, um alle Spuren zu beseitigen.
Eine Alternative zu den etwas heiklen Selbstklimmern bieten all jene Kletterpflanzen, die an einem Rankgerüst emporwachsen. Zu dieser Gruppe gehören z. B. Kletterrosen, Trompetenwinde und auch die beliebte, sortenreiche Clematis. Sie alle beein- drucken in erster Linie mit ihren prachtvollen Blüten und können auch in Einzelstellung an einen Obelisken oder an einen Rosenbogen gepflanzt werden, um ihre volle Wirkung zu entfalten.

Fassadenbegrünung mit Selbstklimmern

Nicht alle Selbstklimmer eignen sich zur Begrünung für Fassaden. Um Schäden zu vermeiden, dürfen Sie folgende Oberflächen nicht mit Selbstklimmern begrünen:

- Fachwerk, hier kann ein möglicher Pilzbefall des Holzes Probleme verursachen
- Holzoberflächen
- rissige Putzoberflächen und rissanfällige Wände
- sanierte Putze mit dünnem Oberputz
- kunststoffhaltige Wandanstriche
- in den Fugen ausgewittertes Mauerwerk

Kletterrosen brauchen ein stabiles Rankgerüst.

Wasser im Garten

Wasser als Gestaltungselement ist mit dem Garten so untrennbar verbunden wie die Bepflanzung, der Rasen oder die Bauten. Durch die Jahrhunderte wurde es opulent in den Gärten der Herrscherhäuser inszeniert. Prachtvolle Wasserspiele, Fontänen und Brunnen entstanden und zeugten von überschwänglichem Luxus. Im Orient und im Fernen Osten diente die Inszenierung von Wasser nicht zuletzt als Zeichen der Macht. In Ländern, in denen Wasser Mangelware war bzw. ist, konnte nur jener herrschen, der genug davon hatte. Heute geben wir uns schon ein wenig bescheidener. Unverändert ist aber der repräsentative Charakter eines Gartens. Wer ist nicht stolz, wenn Besucher den Garten bewundern und sich darin wohlfühlen.

Gärten zum Wohlfühlen

Zum Wohlfühlen im Garten ist Wasser als Gestaltungsmittel einfach unverzichtbar. Vom kleinen Brunnen bis zum Schwimmteich ist (beinahe) alles möglich. So klein kann ein Garten gar nicht sein, als dass nicht irgendwo noch ein Miniteich oder ein Wandbrunnen Platz finden könnte. Und sei es nur ein schlichtes Gefäß, das mit Wasser befüllt und mit Wasserpflanzen bepflanzt einen interessanten Blickfang abgibt. Wasser lässt sich auf viele verschiedene Arten in Szene setzen. Hier sind Ihrer schöpferischen Fantasie kaum Grenzen gesetzt.

Wasserspiele stehen immer im Mittelpunkt.

Ein runder Steinbrunnen als Zentrum eines Rondeaus ist beispielsweise ein ausgesprochen attraktiver Blickfang in einem klassisch gestalteten Garten. Auch ein schlichtes, gemauertes Wasserbecken, das ausschließlich mit Seerosen bepflanzt ist, hat seinen Reiz und bildet einen schönen Mittelpunkt in modern gestalteten Gartenanlagen.

Miniaturteiche

Miniaturteiche eignen sich besonders als Blickfang auf Balkonen und Terrassen. Nahezu jedes (wasserdichte) Gefäß können Sie in einen solchen Miniteich verwandeln. Ein schöner Keramiktopf eignet sich ebenso wie eine alte Zinkbadewanne oder ein Holztrog. Je größer das Gefäß, desto besser gedeihen die Pflanzen. Für einen kleinen „Teich" sollte es mindestens 25 cm tief sein. Gefäße, die nicht hundertprozentig wasserdicht sind, können Sie mit Teichfolie oder anderen Materialien abdichten. Oder kombinieren Sie einmal mehrere Gefäße miteinander, eine attraktive Möglichkeit zur Gestaltung der Terrasse.

Mini-Pflanzen für Mini-Gewässer

Wichtig zu wissen ist, dass Miniaturteiche nicht zu dicht bepflanzt werden dürfen. Wasserpflanzen sind nämlich sehr wuchsfreudig und behindern sich dann gegenseitig oder verdrängen einander. Außerdem kommt die eigentliche Wasseroberfläche bei geringerer Pflanzdichte besser zur Geltung. Für die Bepflanzung von Miniteichen empfehlen sich spezielle Zwergformen von Wasser- und Sumpfpflanzen.

Des Weiteren benötigen sie Pflanzkörbe, Teicherde, Kies und Steine. Gehen Sie wie folgt vor:

- Zuunterst kommt eine Dränageschicht aus feinen Kieselsteinen in das Gefäß. Darauf geben Sie eine 10-20 cm dicke Schicht Teicherde. Hier hinein können Sie direkt Unterwasserpflanzen setzen.
- Kleiden Sie die Pflanzkörbchen für Ihre Schwimmblattpflanzen mit Sackleinen aus und füllen sie Sie mit Erde. Setzten Sie vorsichtig die Pflanze hinein und decken Sie dann die Erde mit Kies ab. So wird verhindert, dass beim Befüllen mit Wasser die Erde ausgeschwemmt wird.
- Setzen Sie nun die Pflanzen samt Körbchen in das Gefäß. Sie können Steine unterlegen, um die Pflanze auf die gewünschte Höhe zu bringen.
- Zum Schluss füllen Sie Wasser in das Gefäß. Lassen Sie das Wasser über eine Folie laufen, die auf dem Boden liegt. So wird nicht zu viel Erde aufgewirbelt.

Miniaturteiche überwintern

Miniteiche sind pflegeleicht. Behalten Sie lediglich während der Sommermonate den Wasserstand im Auge und füllen Sie verdunstetes Wasser rechtzeitig nach.
Über den Winter müssen die Gefäße entleert werden, sonst frieren sie auf. Die Pflanzen sollten Sie derweil in einem Trog oder Kübel an einem frostfreien Ort überwintern. Sie können kleine Miniaturteiche auch als Ganzes in einem kühlen Raum überwintern. Vor allem heimische Wasserpflanzen sind auf eine Ruhepause eingestellt.

Überlegungen vorab

Wenn Sie einen richtigen Gartenteich anlegen wollen, gilt es vorab einige Dinge abzuklären. Dazu gehört z. B. auch die Frage, ob kleine Kinder im Garten spielen oder der Nachbar sich unter Umständen durch das Quaken von Fröschen gestört fühlt.

Von besonderer Bedeutung ist aber die gestalterische Seite. Der Teich soll sich ja in den Garten einfügen und zur Geltung kommen. Dazu darf er weder zu groß noch zu klein sein. Auch die Platzfrage spielt eine Rolle. Wie wollen Sie den Teich nutzen? Wenn Sie sich über diese Punkte im Klaren sind, können Sie mit der Feinplanung beginnen.

Ruhig und halbschattig – der richtige Platz

Zunächst gilt es, die Standortfrage zu klären. Ein naturnaher Teich sollte sich nicht zu nahe beim Haus befinden, damit sich Teichgäste ungestört einfinden können.

Egal was für einen Teich Sie anlegen wollen – der ideale Standort ist ein ruhiger, halbschattiger Platz im Garten, der nach Süden und Westen offen ist. Zuviel Schatten ist schlecht, besonders große Laubbäume in Teichnähe sind von Nachteil. Außerdem kann sich das im Herbst herabfallende Laub negativ auf die Wasserqualität auswirken.

Je größer, desto besser

Als nächstes gilt es, die Größe des Teichs festzulegen. Der Platz muss die Größe bestimmen, und nicht umgekehrt. Und die Größe richtet sich letztendlich auch nach der Nutzung, z. B. als Zierteich oder Schwimmteich. Die Teichgröße spielt auch eine wichtige Rolle für das biologische Gleichgewicht. Je größer der Teich, umso günstiger sind später die Lebensbedingungen für Pflanzen und Tiere. Richtigerweise müsste man sagen: Je mehr Wasser vorhanden ist, umso besser.

Wesentlich einfacher ist die Teichplanung schon während des Hausbaus. Durch die Einbeziehung der Anlage von Anfang an verringern sich auch die Baukosten, da z. B. bei rechzeitiger Planung das Aushubmaterial als Hügel- oder Schutzwall in das Gesamtkonzept der Gartenanlage eingearbeitet werden kann.

Käfers Gartentipp

Stellen Sie das Teichgefäß gleich an den endgültigen Platz, und zwar noch bevor Sie mit den Arbeiten beginnen. Einmal befüllt, ist es schwer zu transportieren.

Miniteiche finden überall Platz.

Wenn Algen zum Problem werden

Je kleiner die Teichfläche, umso größer die Temperaturschwankungen des Wassers im Tages- und Jahreslauf. Zuviel Wärme ist aber Gift, denn durch zu warmes Wasser wird das Wachstum von Algen stark beschleunigt. Warmes Wasser ist außerdem sauerstoffärmer als kaltes Wasser. Die Folge sind Fäulnisprozesse am Teichboden. Es droht der Albtraum eines jeden Teichbesitzers. Das Wasser „kippt", und der Teich wird zum übel riechenden Tümpel. Besonders kleinere Wasserstellen sind bei anhaltender sommerlicher Hitze und starker Sonneneinstrahlung gefährdet. Es empfiehlt sich daher, kleine Teiche oder Wasserstellen bei großer Hitze und direkter starker Sonneneinstrahlung künstlich zu beschatten. So bleibt das Wasser kühl. Auch das Einbringen von mehreren Kübeln kaltem Wasser hilft. Vorsichtiges Hineingießen verhindert das Aufwirbeln von Sedimenten und Nährstoffen.

Fertigteiche aus Kunststoff

Für kleine Teiche bis zu 10 m^2 Fläche können Sie im Fachhandel erhältliche Fertigteichbecken aller Größen aus Kunststoff verwenden. Diese haben zwei Vorteile: Zum einen ist die Form vorgegeben und zum anderen ist der Einbau sehr einfach und unkompliziert.

Die Teichgrube modellieren

Stellen Sie zunächst das Becken auf den dafür vorgesehenen Platz. Mithilfe von Stäben und Sand markieren Sie nun die Umrisse des zukünftigen Teichs. Jetzt wird das Erdreich Schicht für Schicht ausgehoben und dabei die Form des Beckens nachmodelliert, das heißt, dass die einzelnen Höhenzonen in der Grube exakt denen des Kunststoffbeckens entsprechen sollen.

Nach Fertigstellung der so modellierten Teichgrube bedecken Sie den Boden mit einer ca. 10 cm dicken Schicht aus feinem Sand. Auf diese stellen Sie das Becken und prüfen, ob es stabil steht. Der Boden sollte überall gut aufliegen, Hohlräume destabilisieren das Becken und können sich später nach dem Befüllen mit Wasser als äußerst problematisch erweisen.

Wasser einfüllen und bepflanzen

Nun füllen Sie gerade soviel Wasser auf, bis das Becken stabil steht. Bei dieser Gelegenheit kontrollieren Sie mit einer Wasserwaage, ob der Teich in der Waage ist. Wäre dies nicht der Fall, würde schon beim Befüllen die Hälfte des Wassers auslaufen. Wenn alles in Ordnung ist, können Sie den Hohlraum zwischen Teichgrube und Wanne mit Sand füllen. Spülen Sie den Sand gründlich mit Wasser ein. Versickert das Wasser nicht schnell genug und bleibt in der Grube stehen, müssen Sie zusätzlich Wasser in das Becken füllen, damit es nicht aufschwimmt. Steht das Becken schließlich fest in der Grube, können Sie nach Belieben mit der Gestaltung und Bepflanzung beginnen. Sie benötigen Steine, Sand, Kies und nährstoffarme Teicherde. Die Bepflanzung eines Fertigteichs ist relativ einfach, da die Höhenzonen im Teichbecken genau ausgearbeitet sind.

Flexibel – der Folienteich

Wesentlich mehr gestalterischen Spielraum haben Sie mit einem Folienteich. Hier sind der Form und der Größe keine Grenzen gesetzt. Sind beide erst einmal festgelegt, geht es munter ans Graben. Ähnlich wie beim Kunststoffbecken sollten Sie mehrere Abstufungen einplanen. 10 cm Wassertiefe für die Sumpfzone, 20-40 cm für die Flachwasserzone und 80-150 cm für die Tiefwasserzone. Die Schwimmzone bei Schwimmteichen ist ca. 2 m tief. Je genauer Sie diese Abstufungen beim Graben ausformen, desto leichter fällt es später, den Ufer- und Unterwasserbereich zu bepflanzen und zu gestalten.

Den Teich in Form bringen

Sobald Standort und Größe des Folienteichs feststehen, sollten Sie die Form, also den Uferverlauf, festlegen. Die Form hat auf das biologische Gleichgewicht des Gewässers keinen Einfluss, Sie können also nach Belieben gestalten. Legen Sie an der geplanten Stelle einen Gartenschlauch oder ein langes Seil aus, das den Umriss markieren soll. Variieren Sie so lange, bis der Uferverlauf des Teichs Ihren Vorstellungen entspricht. Markieren Sie nun den Verlauf der Uferlinie mit Sand und beginnen Sie vom Rand her mit dem Aushub.

Die Teichgrube ausheben

Für die Seite, von der aus Sie später an den Teich gehen wollen, sollte ein ausreichender Flachwasserbereich vorgesehen sein. Dieser lässt sich sehr schön mit Trittsteinen, Ziersteinen und blühenden Flachwasserpflanzen ausgestalten. Seerosen kommen zum Greifen nahe, wenn die Tiefwasserzone an einer Stelle bis ans Ufer reicht.

Die Rückseite des Teiches wird durch eine ausgedehnte Sumpfzone begrenzt. Schilf, Rohrkolben und hohe Ziergräser bilden an dieser Stelle die richtige Kulisse für das Teichleben. Aber halt – so weit sind wir ja noch gar nicht! Erst einmal muss fertig gegraben werden! Entfernen Sie auch sorgfältig alle Steine und Wurzeln vom zukünftigen Teichboden. Ist das nicht möglich, muss die Teichfolie später mit einem untergelegten Vlies geschützt werden.

Den Untergrund vorbereiten

Nachdem Sie die Teichgrube fertig ausgehoben haben, bedecken Sie den Boden mit

Folienteiche bieten großen Gestaltungsspielraum.

Käfers Gartentipp

Wenn Sie Fische in den Teich einsetzen wollen, sollte die tiefste Stelle mindestens 80 cm betragen, denn so tief friert das Wasser im Winter nicht.

einer Schicht aus feinem Sand und klopfen ihn mit einer Schaufel fest. Bei weniger steinigem Untergrund können Sie eventuell auf den Sand ganz verzichten.
Bei sehr steinigem und stark durchwurzeltem Untergrund, vor allem wenn spitze Steine im Boden stecken, legen Sie die Teichmulde zusätzlich mit einem Schutzvlies aus. Dieses Vlies ist für Wurzeln und Steine beinahe undurchdringlich und schützt die Folie vor Schäden.

Technik rund um den Teich

Denken Sie vor dem Auslegen der Folie daran, dass Sie in Teichnähe eventuell Stromausgänge für Licht und Steckdosen benötigen. Falls Pumpen erforderlich sind, die außerhalb des Teiches ihren Dienst verrichten, muss ein Pumpenschacht mit Zu- und Ablauf eingeplant werden. Planen Sie auch eine Wasserleitung in der Nähe des Teiches ein, um sich später das mühsame Ausbringen und Aufrollen des Schlauches zu ersparen, wenn hin und wieder Wasser im Teich nachzufüllen ist.
Bei solchen Vorhaben empfehle ich, einen Fachmann hinzuzuziehen, der Sie speziell zu Ihrem Projekt berät. Denn außer der vielen Arbeit, die die Errichtung eines Teiches nun einmal macht, steht auch eine Menge Geld auf dem Spiel. Es wäre schade, wenn alle Mühe umsonst war.

Die Teichfolie verlegen

Die Teichfolie sollten Sie erst kaufen, wenn die Grube ausgehoben ist. Erst dann können Sie den Bedarf genau berechnen. Das gilt auch für die Beschaffung von Sand, der sonst bei den Arbeiten im Weg herumliegt und am Ende doch nicht reicht.
Wenn alle Vorbereitungen abgeschlossen sind, nehmen Sie das Maß für die Teichfolie. Legen Sie je eine Schnur durch die jeweils größte Länge und Breite der Teichmulde. Achten Sie darauf, dass die Schnur gut am Boden aufliegt. Beide Schnurlängen messen Sie ab, geben an jeder Seite 50 cm zu und multiplizieren die Werte. So erhalten Sie den Folienbedarf in Quadratmeter. Einige Firmen bieten für sehr extravagante Teichformen maßgeschneiderte Folien an. In diesem Fall vermessen Sie die Teichgrube nach den Empfehlungen dieser Anbieter.
Vor dem Auslegen der Folie ziehen Sie rund um den Teich einen kleinen, ca. 15 cm tiefen Graben. Dieser dient später als Kapillarsperre, die verhindert, dass sich das umliegende Erdreich mit Teichwasser vollsaugt. Die Folie wird so über den Graben gelegt, dass sie ihn auskleidet und am Außenrand steil nach oben steht. So wird der Teich gegen die Umgebung abgeschlossen. Den Graben befüllen Sie anschließend mit Kies.
Zum Verlegen der Teichfolie laden Sie am besten Freunde ein. Die Folie ist nämlich alleine sehr schwer zu handhaben und sollte möglichst faltenfrei verlegt werden. Da sind helfende Hände sehr willkommen.
Nach dem Befüllen des Teichs mit Wasser wird die Folie rundum abgeschnitten, auf keinen Fall vorher.

Wasser einlassen

Bevor Sie das Wasser einlassen, bedecken Sie den Grund des Teiches mit Sand und Rundkies. Bitte verwenden Sie keine spitzen Steine, die Folie könnte sonst beschädigt werden. Nun füllen Sie zunächst die Tiefwasserzone mit Wasser und gestalten und bepflanzen die verschiedenen Wasserzonen. Achten Sie streng darauf, dass Sie Materialien wie Gartenerde vermeiden, die zusätzliche Nährstoffe in den Teich einbringen. Verwenden Sie also möglichst nur Sand, Kies und runde Steine. Selbst Teicherde sollte in größeren Mengen vermieden werden. Lediglich Seerosen wollen in ein nährstoffreiches Substrat gepflanzt werden. Hierfür verwenden Sie aber spezielle Seerosenpflanzkörbe. Ist nun alles fertig ausgestaltet, kann der Teich befüllt werden. Lassen Sie den Teich etwas überlaufen, um herauszufinden, wo das Wasser zuerst austritt. Durch das nachträgliche Absenken des Ufers an einer bestimmten Stelle können Sie den Überlauf nach Wunsch verlegen.
Zum Abschluss wird die Folie wie oben beschrieben durch die Kapillarsperre gelegt, mit Kies beschwert und abgeschnitten. Der Teich ist nun fertig. Von jetzt an geht es „nur" noch darum, ihn richtig zu pflegen.

Erst pflanzen, dann das Wasser einlassen.

Die unterschiedlichen Teichzonen

Am Teichrand außerhalb der Teichfolie gedeihen Stauden und Gräser. Als Feucht- oder Sumpfzone bezeichnet man den Bereich innerhalb der Teichfolie, der oberhalb bis knapp unterhalb des Wasserspiegels liegt. Dieser sollte knapp ein Drittel der Teichoberfläche betragen. Hier fühlen sich Sumpfpflanzen wie Wasserdost, Blutweiderich oder Pfennigkraut wohl. Hieran schließt sich die Flachwasserzone an (10-40 cm) gefolgt von der Tiefwasserzone (40-200 cm).

Das biologische Gleichgewicht

Das biologische Gleichgewicht stellt sich ca. ein Jahr nach der Errichtung des Teiches ein und ist meist sehr empfindlich. Je größer der Teich, umso stabiler wird es sein. Abgestorbene Pflanzenteile und Tiere, Exkremente und Laub erhöhen ständig den Nährstoffgehalt im Wasser. Solange die Wasserpflanzen genug von den Nährstoffen verbrauchen, gibt es kein Problem. Entsteht jedoch ein Nahrungsüberschuss, besteht rascher Handlungsbedarf. Damit es gar nicht erst soweit kommen kann, sollte jährlich jeweils ein Teil des Teiches gereinigt werden (siehe auch Seite 25).

Die Pflanzen

Wasserpflanzen setzen Sie am besten im späten Frühjahr ein. Sie können diese direkt in das Teichsubstrat pflanzen. Dies geschieht noch, bevor Sie das Wasser einlassen. Für Schwimmblattpflanzen oder Seerosen eignen sich Gitterkörbe. Damit sind die Pflanzen auch flexibler in der Gestaltung.
Entscheidend für das Gedeihen von Wasserpflanzen ist die jeweilige Wassertiefe. Manche Wasserpflanzen fühlen sich unter Wasser wohl, andere wollen nur mit dem unteren Teil im Wasser stehen, wiederum andere fühlen sich bei mittelhohem Wasserstand wohl. Dementsprechend unterscheiden wir den Freiwasserbereich und in den tieferen Schichten Schwimm-, Schwimmblatt- und Unterwasserpflanzen. Im Flachwasserbereich und in der feuchten, flachen Uferzone gedeihen bevorzugt Sumpfpflanzen.

Unterwasserpflanzen

Sauerstoff im Wasser ist lebenswichtig und verhindert, dass der Teich „kippt". Es gibt zwei Möglichkeiten, den Gehalt im Wasser zu erhöhen: Eine ist, das Wasser zu bewegen – beispielsweise mittels Bachläufen oder Springbrunnen. Hierzu sind Pumpen nötig, die das Wasser transportieren. Die zweite Möglichkeit ist einfacher und nachhaltiger – Unterwasserpflanzen wie Hornkraut, Wasserpest oder Ähriges ausendblatt sind ideale Sauerstoffspender und darum im Teich unentbehrlich.

Seerosen im Gartenteich

Die Seerose ist sicherlich die Königin unter den Teichpflanzen. Für viele Gartenbesitzer ist sie der alleinige Grund, einen Gartenteich anzulegen. Mit einer Blütezeit von Mai bis September sucht sie in ihrer Pracht nach ihresgleichen. Seerosen benötigen einen nährstoffreichen Teichboden. Verwenden Sie zur Pflanzung einen Korb, in den hinein Sie das Substrat geben. So vermeiden Sie zu starkes Wachstum und die Gefahr einer Überdüngung im Teich. Die beste Pflanzzeit ist im zeitigen Frühling oder im Herbst. Zu dieser Zeit ist das Laub der Seerosen entweder noch nicht ausgebildet oder man kann es schon entfernen, so brauchen Sie auf die Wassertiefe keine Rücksicht zu nehmen.
Bei einer Pflanzung im Sommer muss der Wasserspiegel an die Länge der Blattstiele angepasst werden. Die richtige Wassertiefe liegt im Allgemeinen zwischen 80 cm und 2 m. Sind Seerosen erst einmal angewachsen, benötigen sie kaum noch Pflege. Lediglich wenn sie zu stark wuchern, sollte man sie alle paar Jahre durch Teilen verjüngen. Für kleinere Teiche gibt es schwachwüchsige Sorten, die allerdings fast frostfrei überwintert werden müssen.

Gäste am Teich

Ein Teich im Garten ist ein Geschenk an die Natur, an dem wir Menschen uns täglich aufs Neue erfreuen können. Viele Tiere nehmen ein solches Biotop dankbar an. Die häufigsten Besucher sind sicherlich Vögel. Nehmen Sie sich einmal Zeit zum Beobachten der gefie-

derten Gäste – sie werden staunen, wie viele Vogelarten sich am Ufer tummeln.
Selbstverständlich sind auch Frösche, Kröten und Molche Dauergäste am Teich. Besonders für Amphibien stellt jedes Gewässer einen wertvollen Lebensraum dar, den sie auch dankbar annehmen. Sie wandern von ganz alleine im Frühjahr ein um zu laichen. Manchmal werden die Eier auch von Wasservögeln eingeschleppt.

Wunderwelt der Insekten

Unzählige Insekten tummeln sich am Teich. Am auffälligsten sind die prachtvollen, übrigens völlig harmlosen, Libellen. Ihre räuberischen Larven leben im Wasser und erbeuten dort andere Insekten. Die Larven der Köcherfliege dagegen verbergen sich in kunstvollen, selbst gebauten Röhren aus winzigen Kieselsteinchen oder Holzstückchen. Hier spannen sie ihre Netze, mit denen Sie Kleinstlebewesen aus dem Wasser fischen. Mit etwas Glück können sie auch die schmucken Wasserkäfer beobachten. Mit zu den ersten Teichgästen gehören aber die Wasserläufer. Diese gehören zu den Wanzen und werden von den Reflexionen der Wasseroberfläche angelockt. Sie können blitzschnell auf der Wasseroberfläche herumlaufen, wo sie ihre Nahrung, ins Wasser gefallene Insekten, erbeuten.
Auch Spitzmäuse, Blindschleichen und eine Vielzahl anderer Tiere finden sich mit der Zeit ganz von alleine am Gartenteich ein. Mit etwas Glück entdeckt man sogar eine Ringelnatter, eine hervorragende und geschickte Schwimmerin. Sie jagt im Wasser nach Beutetieren. Für den Menschen ist die Schlange völlig harmlos.

Libellen sind häufige Gäste am Gartenteich.

Teichpflege im Jahreslauf

Reinigen Sie den Teich nie auf einmal – sie entfernen sonst wichtige Tiere und Larven, es würde längere Zeit dauern, bis diese wieder einwandern. Teilen Sie den Teich in drei Bereiche und reinigen Sie in drei aufeinanderfolgenden Jahren jeweils einen. Die beste Zeit dafür ist der November oder der März.

Der Teich im Frühjahr

Im Frühling wird es beim Teich spannend. Nicht nur Pflanzen, sondern auch viele Tiere erwachen in dieser Zeit zu neuem Leben. Umso behutsamer müssen Sie bei den anstehenden Arbeiten vorgehen. Abgestorbene Pflanzenteile und Laubreste werden aus dem Wasser entfernt. Jetzt kann man auch zu groß gewordene Pflanzen teilen oder die Bepflanzung verändern. Wenn ein Austausch des Wassers nötig geworden ist, sollte zur Erhaltung vieler Lebewesen nur ein Teil des Wassers getauscht werden. Regenwasser ist zu diesem Zweck besser geeignet als Leitungs- oder Brunnenwasser.

Algenwachstum vorbeugen

- Achten Sie bei der Teichanlage darauf, dass nur nährstoffarme Substrate in den Teich gelangen.
- Reinigen Sie den Teich regelmäßig im Frühjahr und Herbst und entfernen Sie abgestorbene Pflanzenteile.
- Ein im Herbst gespanntes engmaschiges Netzt verhindert, dass Laub auf den Teichgrund absinkt.
- Wasser- und Sumpfpflanzen entziehen dem Wasser Nährstoffe, die sie für ihr eigenes Wachstum benötigen. Eine ausreichende Bepflanzung ist also vorteilhaft.

Der Teich im Sommer

Im Sommer herrscht im Teich üppiges Pflanzenwachstum, besonders die Algen können nun zu einem Problem werden. Ein regelmäßiges Herausfischen von Fadenalgen verhindert ihr Überhandnehmen. Ansonsten können Sie sich den ganzen Sommer über an der Pracht des Teiches erfreuen, insbesondere an der Seerosenblüte.

Der Teich im Herbst

Im Herbst gibt es viel zu tun. Entfernen Sie abgeblühte und vertrocknete Pflanzenteile, noch bevor Sie ins Wasser fallen können. Ein über den Teich gespanntes Laubnetz leistet gute Dienste gegen angewehte Blätter. Ziergräser am Teich schneiden Sie erst im zeitigen Frühling zurück. Je weniger Pflanzreste in den Teich fallen oder dort verbleiben, umso besser bleibt die Wasserqualität im Winter.

Der Teich im Winter

Im Winter überlassen Sie ihren Teich am besten der Natur. Lediglich ein Eisfreihalter (ein Bündel Stroh oder Schilfstängel erfüllen denselben Zweck) sollte den Gasaustausch während des Winters gewährleisten, da Klein- und Kleinstlebewesen auch in der kalten Jahreszeit Sauerstoff benötigen. Wenn Fische im Teich sind, dürfen Sie keinesfalls versuchen, das Eis aufzuschlagen. Durch die Druckwelle kann die Schwimmblase der Fische verletzt oder zerstört werden. Das Entfernen der Schneedecke vom Eis bringt Licht in den Teich und die Unterwasserpflanzen können wieder assimilieren. Dadurch wird das Wasser mit Sauerstoff angereichert.

Kinder am Gartenteich

Besonders für Kinder ist ein Teich äußerst spannend und lehrreich. Wo sonst kann man so viele interessante Naturbeobachtungen machen. Aber Vorsicht! Warnen Sie die Kinder auf jeden Fall vor den Gefahren. Die größte Gefahr besteht bei Kleinkindern, die zu Besuch sind, denn diese fühlen sich vom Wasser besonders angezogen. Weniger Unglücke passieren bei Kindern, die von klein auf mit Gewässern vertraut sind. Lassen Sie sie trotzdem nicht aus den Augen. Sind regelmäßig Kleinkinder im Garten, sollten Sie überlegen, den Teich für einige Jahre einzuzäunen.

Ein über den Teich gespanntes Netz verhindert, dass Laub ins Wasser fällt und zu Boden sinkt.

Pflanzen für den Gartenteich

Art/Sorte	Blütenfarbe und -zeit	Wassertiefe	Besonderes
Blumenbinse (*Butomus umbellatus*)	rosarot VI-VIII	0-20 cm	sehr zierend, wasserreinigend
Blutweiderich (*Lythrum salicaria*)	rosalila VII-VIII	0-10 cm	schöne Uferpflanze, für Naturteiche
Fieberklee (*Menyanthes trifoliata*)	weiß-rötlich V-VI	0-20 cm	sehr hübsche, gefranste Blütentrauben, Heilpflanze
Froschlöffel (*Alisma plantago aquatica*)	zartrosa IV-VIII	0-20 cm	dekorative Fruchtstände im Herbst, auch für kleinere Teiche
Laichkraut (*Potamogeton natans*)	weiß VI-VIII	30-100 cm	Sauerstoffspender für große Anlagen
Schilfrohr (*Phragmites australis*)	braunrote Fahnen VI-VIII	0-30 cm	wichtige Wasserreiniger, bietet Lebensraum für Tiere
Sumpfdotterblume (*Caltha palustris*)	dottergelb VI-VIII	0-10 cm	eignet sich auch für feuchte Wiesen
Tausendblatt (*Myriophyllum* sp.)	unscheinbar	5-50 cm	wichtiger Sauerstoffspender
Wollgras (*Eriphorum mangustifolium*)	Grasfrucht VI-VIII	0-10 cm	nicht wuchernd, großer Zierwert

Bauen im Garten

Während manche Gartenbesitzer ein enges Verhältnis zu Pflanzen haben, finden andere vor allem durch handwerkliche Tätigkeiten rund ums Haus ihre schöpferische Selbstverwirklichung. Mauern, Treppen, Wege, Pavillons und andere Bauten sind eine sinnvolle und notwendige Ergänzung zur Bepflanzung eines Gartens. Mehr als das, erst sie lassen aus einer „Miniaturlandschaft" einen Garten werden. Mauern schaffen Räume, Wege erschließen den Garten und Sitzplätze, Pergolen oder Pavillons setzen Akzente. Oberstes Gebot: Die Baulichkeiten sollten dem Charakter der Umgebung angepasst werden und sie müssen sich in die Gesamtgestaltung einordnen. Hauptakteure im Garten sind nach wie vor die Pflanzen.

Bevor es losgeht

Trotz aller Freude am Bauen sollten Sie nicht wild drauflos bauen. Nehmen Sie sich Zeit für die Planung, bevor Sie ans Werk gehen. Egal welches Bauvorhaben Sie verwirklichen wollen – je besser die Vorbereitung, umso reibungsloser wird die Ausführung sein.
Überlegen Sie genau, wie viel Platz sie dafür im Garten brauchen. Größere Bauten sind zum Teil genehmigungspflichtig. Ebenfalls eine Rolle in den Vorüberlegungen spielt der Material-, Zeit- und Geldbedarf. Nicht für alle baulichen Maßnahmen benötigen Sie einen Tross von Arbeitern und Experten, durch Eigenleistung und mit etwas handwerklichem Geschick lässt sich bereits eine ganze Menge Geld sparen.

Am Anfang steht die gründliche Planung.

Wege im Garten

Gartenwege sind mehr als die bloße Verbindung zweier Punkte miteinander. Sie erschließen ein Grundstück durch Haupt- und Nebenwege, sind im Bereich von Eingängen und Zufahrten wichtige architektonische Elemente und ermöglichen durch eingebaute Einzelstufen oder Treppen die Erschließung von Hanglagen. Auf Wegen kann man einen Gartenspaziergang wagen, auch wenn es einmal geregnet hat und die bepflanzte Umgebung tropfnass ist. Sie leiten den Besucher trockenen Fußes sicher durch das Gartenreich.
Eine wichtige Grundregel für die Anlage eines Weges ist: Jeder Weg muss einen Sinn haben. Was sonst, werden Sie sich nun denken. Das bedeutet, dass ein Weg immer ein Ziel haben soll und jeder Umweg begründet sein muss. Macht ein Weg einen zu großen Umweg, werden sich bald Trampelpfade im Garten bilden.
Mit einer geschickten Wegeführung im Garten können Sie Blickachsen schaffen, Gartenräume gliedern und eine Struktur ins grüne Reich bringen. Bei der Planung von Wegen steht vor der Ausführung der handwerklichen Pflasterarbeiten die Überlegung, wie die Streckenführung am besten gelingt. Sind bereits Wege im Garten vorhanden, die gern und problemlos genutzt werden, genügen vielleicht einfach eine Erneuerung des Belagmaterials und geringfügige Korrekturen der Wegführung oder -breite
Um den Verlauf eines neuen Weges festzulegen, können Sie einen Gartenschlauch auf der

gedachten Wegelinie auslegen. Einen genauen Eindruck erhalten Sie, wenn Sie alles Werk nun von oben, entweder von einer Leiter oder z. B. vom oberen Stockwerk aus, betrachten, um zu sehen ob sich der Weg gut in den Garten einfügt. Um ganz sicher zu gehen schreiten sie ihn mehrmals ab. Wenn Sie nicht das Gefühl haben, eine Abkürzung nehmen zu müssen, dann stimmt auch das.

Sehr maßgeblich für das Erscheinungsbild, aber auch die Benutzbarkeit eines Weges, ist seine Breite. Ein oft benutzter Hauptweg sollte 1,20 m breit sein, Nebenwege mindestens 70 cm und ein Pfad z.B. durch ein Staudenbeet höchstens 50 cm.

Geschwungene Wege wirken harmonisch.

Gepflasterte Wege

Den größten Gestaltungsspielraum bieten gepflasterte Wege. Die Auswahl an Pflastermaterial ist riesig. Bei der Entscheidung spielen Kriterien wie die Umgebung und der Stil des Hauses eine wichtige Rolle. Bereits im Garten verwendete Gesteinsarten ergeben ein harmonischeres Gesamtbild. Wenn sie bewusst einen Kontrast setzten wollen, muss dieser auch eindeutig erkennbar sein, beispielsweise eine Steinmauer aus grauem Granitbruch in Kombination mit einem Weg aus roten Klinkersteinen.

Für ungeübte Wegebauer ist Betonstein sicher einfacher zu verlegen als ein unförmiger Naturstein, ersterer ist außerdem sehr robust und in vielen Varianten erhältlich. Neben Betonsteinen lassen sich auch Klinkersteine leicht verlegen. Diese sind vom Format zwar weitgehend einheitlich, dafür in einigen ansprechenden Farben erhältlich. Bei Klinkersteinen ist die Frostbeständigkeit ein wichtiges Krite-

Tipps zur Weggestaltung

- Jeder Weg braucht ein Ziel und darf nicht im „Nichts“ enden.
- Wege sollten nie schnurgerade, sondern immer geschwungen angelegt werden. So bieten sich beim Begehen immer neue Blicke auf den Garten.
- Spielen Sie mit der Wegbreite: Erweiterte Bereiche bieten Raum für einen schattigen Sitzplatz oder einen Rosenbogen.
- Eine Neigung der Wegfläche von 2 % lässt Regenwasser abfließen.
- Wege an der Hauswand entlang sind pflegeintensiv. Ideal ist ein Beet zwischen Wand und Weg.

rium für den Kauf. Einfache Ziegelsteine sind normalerweise nicht winterfest, hart gebrannte Klinker dagegen frostbeständig. Lassen Sie sich die Frostfestigkeit beim Kauf garantieren. Letztendlich spielen auch die Kosten bei der Entscheidung für die eine oder andere Steinart eine wichtige Rolle. Ein schlichter Betonstein ist wesentlich billiger als ein guter Klinkerstein. Optisch erzielt der Klinker vielleicht eine größere Wirkung, strapazfähiger und haltbarer ist aber der Betonstein.
Geübten „Steinelegern" kann ich jede Art von Naturstein empfehlen. Granite, Schiefer, Quarzite, Basalt, Porphyr, Sandstein oder Marmor – um nur einige Beispiele zu nennen. Die Vielfalt in Form und Farbe ist schier unüberschaubar. Treffen sie eine engere Auswahl und nehmen sie sich einige Muster mit nach Hause, bevor Sie sich endgültig entscheiden.

Mit etwas Übung entstehen schöne Muster.

Käfers Gartentipp

Sie wollen sicher sein, dass Ihr Weg wirklich genutzt wird? Warten Sie mit der Anlage, bis sich im Garten erste Trampelpfade gebildet haben. Dies ist der optimale Wegverlauf.

Der Unterbau

Die Anlage eines gepflasterten Weges ist etwas aufwendiger als beispielsweise das Verlegen von Trittplatten im Rasen (siehe Seite 11). Doch mit etwas Übung kann auch der Unerfahrene durchaus zufriedenstellende Resultate erzielen.
Beginnen Sie mit dem Unterbau, der besonders für viel begangene Wege unerlässlich ist. Heben Sie die geplante Wegefläche dazu etwa 20 cm tief aus, und zwar so, dass die Außenkante erhalten bleibt. Dies erleichtert später das Verlegen der Pflastersteine. Den Unterboden verdichten Sie mit einer Rüttelplatte oder einem Handstampfer. Der Unterbau setzt sich wie folgt zusammen: Zuunterst füllen Sie eine 10 cm starke Schicht aus grobem Gesteinsbruch bzw. Schotter in das Wegebett, darauf folgt eine etwa 3 cm starke Schicht aus Kies der Körnung 4/8. Zwischendurch immer wieder gut verdichten und zuoberst eine Lage Sand aufbringen, deren Dicke sich nach der Stärke der Pflastersteine richtet.
Die verwendeten Materialien für den Unterbau bewirken durch ihre Durchlässigkeit auch eine gute Wasserableitung. Ist der Unterboden sehr verdichtet, empfiehlt es sich, den Unterbau etwa 10 cm tiefer aufzubauen.

Arbeiten Sie entlang einer gespannten Schnur.

Der Bedarf an Pflastersteinen

Grundlage für die Berechnung des Bedarfs an Steinen sind die geplante Wegfläche und die Größe der einzelnen Steine. Auf einem 100 cm breiten Weg haben z. B. fünf Steine mit einer Kantenlänge von 20 cm Platz. Pro Fuge rechnet man 0,5 cm. Dies gilt auch für die Längenberechnung. Bestellen Sie etwas mehr Steine als nötig, falls einzelne Steine beim Verlegen beschädigt werden. Auch ist ein Vorrat für spätere Ausbesserungen oder Erweiterungen empfehlenswert.

Steine verlegen

Vor dem Verlegen muss das Sandbett noch einmal richtig planiert bzw. mit einem Brett glatt gezogen werden.

Rechts und links entlang des Weges spannen Sie in der gewünschten Weghöhe eine Schnur, die als Orientierung dient. Wenn Sie die Steine entlang der Wegmarkierung aufhäufeln, haben Sie diese immer griffbereit und sie sind auf der Arbeitsfläche nicht im Weg.

Mit dem schaufelförmigen Ende des Pflasterhammers wird nun die Sandschicht für jeden Stein auf die richtige Höhe gebracht, der Stein darauf gesetzt und gleichmäßig leicht festgeklopft, sodass er etwa einen Zentimeter über der vorgesehenen Endhöhe liegt. Auf diese Art werden spätere Setzungen aufgehoben. Arbeiten Sie dabei rückwärts, mit Blick auf die bereits verlegte Fläche. So können Sie besser kontrollieren, ob die Zeilen gerade sind und die Fläche eben ist.

Von der Mitte des Weges zu den Rändern soll ein leichtes Gefälle von etwa 2 % entstehen, damit Regenwasser abfließen kann. Bei schmalen Wegen mit einer Breite unter 80 cm ist es sinnvoller, ein Gefälle nur zu einer Seite hin zu schaffen. Dieses soll zwischen 1 und 3 % liegen. Bei einer Wegbreite von 80 cm ist das ein Höhenunterschied von 0,8-2,4 cm von einer Wegseite zur anderen.

Das wichtigste Werkzeug zum Verlegen ist ein Gummihammer, mit dem man die Steine auf das richtige Niveau bringen kann. Formsteine sind einfacher zu verlegen als Polygonalplatten. Sehr kleine Platten oder Pflastersteine sollten Sie in einem Mörtelbett verlegen, da sie im Sandbett zu instabil sind. Das ist aber eine Arbeit für eher versierte Heimwerker und

Zum Wegebau nötige Werkzeuge

- Schubkarren und Spaten
- Spitzhacke für steinigen Unterboden
- Schaufel zum Verteilen von Sand, Splitt und Feinschotter
- Handstampfer zum Verdichten des Untergrundes
- Wasserwaage, Winkel, Schnur und eine Eisenstange zum Messen und Austarieren
- Maurerkelle für die Verlegearbeiten
- Gummihammer zum Festklopfen der Steine
- Besen zum Abkehren der verlegten Steine
- Gartenschlauch zum Einspülen des Fugenmaterials

für Profis. Zum Schluss wird die Pflasterung mit dem Rüttler oder Stampfer auf die endgültige Höhe gebracht.

Das Verfugen

Damit die Steine im Pflasterverbund fest liegen, müssen Sie zum Abschluss der Arbeiten die Fugen mit Sand ausfüllen. Hierbei gilt: Je breiter die Fuge, umso gröber muss der Fugensand sein. Für Fugenbreiten von 3-5 mm benötigt man Fugensand mit der Körnung 00-0,2 mm, für Breiten von 5 mm aufwärts ist Fugensand mit einer Körnung bis 0,4 mm ideal. Der Fugensand wird bei trockener Witterung auf der Fläche ausgebracht und mit einem harten Besen eingekehrt. Nach dem Einkehren wird der Weg mit einer Rüttelplatte in Längs- und in Querrichtung abgerüttelt. Den überschüssigen Sand kehren Sie mit einem weichen Besen ab. Der Weg ist nun sofort benutzbar.

Muster entwerfen

Ein Vorteil des kleinteiligen Pflasters ist die Vielfalt der möglichen Gestaltungen. Mit Natursteinpflaster gestaltete Wege wirken lebendig und es entstehen durch die unterschiedlichen Formate und Farben des Materials die kunstvollsten Muster, da kein Stein dem anderen gleicht. Bevor Sie sich jedoch an das Verlegen komplizierter Muster machen, empfiehlt es sich, erst einmal auf dem Trockenen zu üben. So können Sie ein wenig experimentieren und bekommen ein besseres Gefühl für den gewünschten Effekt. Von anspruchsvollen Ornamenten sollten Sie vorab einen Entwurf auf Papier machen.

Grundlage für den Weg ist ein planiertes Sandbett.

Mauern im Garten

Die meisten denken bei einer Gartenmauer an eine niedrige Grundstücksumfassung, auf der ein Zaun montiert ist. Gartenmauern können aber viele Aufgaben erfüllen, so als Stützmauern an Böschungen, als Sicht-, Lärm- und Windschutz, als Einfassungen von Hochbeeten, Bassins und Grillpätzen.

Ebenso vielseitig wie ihre Funktion sind auch die Gestaltungsmöglichkeiten. Je nach Material – Natursteine, Ziegel, Schalbeton oder Betonsteine – ändern sich natürlich Charakter und Erscheinungsbild einer Mauer. Auch die Konstruktionsweise hat Einfluss auf das Aussehen. Eine Trockensteinmauer zum Beispiel wirkt anders als ein Mauerwerk mit gemauerten Steinen.

Natursteine eigenen sich ideal zum Terrassieren.

Trockenmauer oder Ziegelmauer?

Sollten sie sich mit dem Gedanken tragen, selbst eine Ziegelmauer errichten zu wollen, ist ein wenig Erfahrung von Vorteil. Das Errichten einer Trockenmauer ist für den Anfänger wesentlich einfacher, da jeder verlegte Stein wieder ausgetauscht werden kann. Für eine wirklich schöne Trockenmauer braucht man jedoch den richtigen Blick für die passenden Steine.

Bei der Ziegelmauer ist dagegen genaues und sauberes Arbeiten mit dem Mörtel gefragt, da einmal verschmutzte Ziegel nur sehr schwer zu reinigen sind. Selbstverständlich muss es nicht unbedingt ein Sichtmauerwerk sein, nach dem Aufmauern können Sie die Mauer auch verputzen. Dies hat außerdem den Vorteil, dass Sie wesentlich preisgünstigere Ziegel als für den Bau einer Sichtmauer verwenden können.

Eine Trockenmauer bauen

Voraussetzung für das Errichten einer Trockenmauer ist ein gut tragfähiger Untergrund. Ist dies nicht gegeben oder ist der Untergrund nass, wird ein Fundament notwendig. Dazu heben Sie einen etwa 30 cm tiefen Graben aus, der einige Zentimeter breiter sein soll als die zu errichtende Mauer. Die Breite der Mauerbasis richtet sich dabei nach der Höhe: Die Mauerbreite am Boden sollte etwa 1/3 der Höhe betragen.

Den Graben befüllen Sie mit Schotter der Körnung 0-45 mm und verdichten ihn mit einem Stampfer oder einer Rüttelplatte. Bei Stützmauern vor einer Böschung gräbt man das Fundament etwas schräg zum Hang geneigt.

Natursteinmauern im Garten bieten Lebensraum für zahlreiche Tier- und Pflanzenarten.

Die Konstruktion

Zur Errichtung einer Trockenmauer beginnt man mit möglichst großen und flachen Steinen, die mit der ebenen Seite nach oben auf das Schotterbett gelegt werden. Die erste Steinreihe muss später das gesamte Gewicht der Mauer tragen und deshalb besonders sorgfältig verlegt werden.
Trockenmauern sind zur Sicherung der Stabilität am Mauerfuß breiter als auf der Mauerkrone. Dieses sich nach oben Verschmälern nennt man Anzug, dieser sollte etwa 20 % der Höhe betragen. Das heißt: Eine etwa 1 m hohe Mauer ist unten 20 cm breiter als oben. Konstruieren Sie zum Errichten der Mauer einen A-Rahmen, der die geplanten Umrisse wiedergibt. Sie können diesen leicht aus Dachlatten selber bauen. Diese A-Rahmen können Sie an den Mauerenden an jeweils einer tief in die Erde gerammten stabilen Metallstange befestigen.
Zwischen den Rahmen spannen Sie Richtschnüre, die mit jeder Steinschicht nach oben versetzt werden.
Ist die halbe Höhe der Mauer erreicht, werden zur Stabilisierung im Abstand von etwa einem Meter Durchbinder eingesetzt. Diese werden quer über die Breite der Mauer gelegt, sodass sie an jedem Ende etwas vorstehen. Das erhöht die Stabilität der Mauer. Für Stützmauern die höher als 1,20 m sind, benötigen Sie etwas Erfahrung.

Käfers Gartentipp

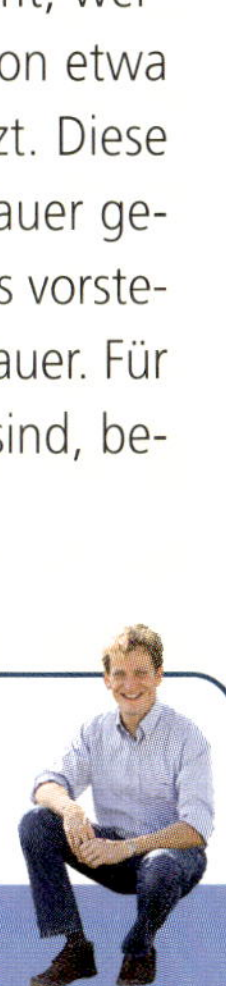

Eine Trockenmauer bietet unzähligen Tieren, besonders Insekten, Unterschlupf. In größere Fugen und Öffnungen können Sie Steingartenpflanzen oder Kräuter setzen.

Stützmauern aus Naturstein

Eine Stützmauer vor einer Böschung muss sich zum Hang neigen, diese Neigung nennt man Dossierung. Sie sollte ca. 10-15 % der Mauerhöhe betragen. Während der Versetzarbeiten wird der Hohlraum zwischen Mauer und Hang mit Kies verfüllt, um einen Wasserstau zu verhindern.

Wackelige oder instabile Steine werden nur an der ins Innere der Mauer gerichteten Seite verkeilt oder unterlegt, nie an der Außenseite. Der Grund ist einfach: Im Laufe der Zeit setzt sich die Mauer und außen angebrachte Keile fallen herunter. Dies würde zur Instabilität führen.

Wenden Sie besonders viel Sorgfalt auf das Füllen der Ritzen und Fugen auf der Außenseite. Hierzu dienen kleine Steine, Splitter oder Bruchstücke. Alle Füllsteine müssen fest sitzen, damit sie nicht wieder herausfallen können. Sie sollten mit leichtem Klopfen eines Hammers ohne Probleme nachträglich eingesetzt werden können. Die umgebenden Steine dürfen sich dabei nicht bewegen oder gar verschieben.

Den oberen Abschluss der Mauer bilden wiederum Decksteine. Sie verhindern, dass Regenwasser ins Innere einsickert, aus diesem Grund sollten sie so dicht wie möglich verlegt werden. Am besten geeignet sind flache Steine, die etwas breiter sind als die Mauerkrone. Mithilfe kleiner Steinkeile werden sie waagrecht ausgerichtet.

Mörtelfugen- und Ziegelmauern

Ziegel- oder Mörtelfugenmauern benötigen ein Betonfundament, das an jeder Seite der Mauer um 10-15 cm überstehen soll.

Das Fundament muss unbedingt bis in Frosttiefe reichen, da sonst gefrierendes Wasser das Fundament hebt. Das hätte Risse in der Mauer zur Folge, in die Wasser eindringen kann, welches bei Frost das Mauerwerk sprengen würde. Die Frosttiefe in unseren Breiten liegt bei ca. 80 cm. Achten sie beim Graben darauf, dass die Seitenwände und die Oberkante gut erhalten bleiben, so können Sie eine Menge Beton sparen.

Der Graben wird anschließend mit Beton befüllt. In das obere Viertel legt man einige Stangen Betoneisen als Armierung. Bevor Sie mit dem Mauern beginnen, muss der Beton ca. 14 Tage aushärten. Bei Regen oder starker Sonneneinstrahlung sollte er mit Folie abgedeckt werden.

Versetzte Fugen sorgen für Stabilität.

Aufmauern

Beim Errichten einer Ziegelmauer muss beim Mauern auf enge Fugen geachtet werden. Die senkrechten Fugen werden bei jeder Lage versetzt angeordnet. Besonders wichtig für Mauern mit Sichtmauerwerk ist, dass nur frostfeste Materialien verwendet werden, das gilt sowohl für die Ziegel als auch für den Mörtel. Vor der Verwendung müssen Ziegel gut befeuchtet werden. Das Aufmauern selbst ist Übungssache. Mit einem Fugenspachtel kratzen Sie zum Schluss den noch feuchten, überschüssigen Mörtel aus der Fuge.
Auch hier bilden Decksteine den Abschluss der Mauer. Diese sollten flach und leicht schräg sein, damit Wasser gut ablaufen kann.

Werkstoff Holz

Holz ist ein beliebter und unverzichtbarer Werkstoff im Garten und fügt sich harmonisch in die Umgebung ein. Holz ist ideal zur Konstruktion von Pergolen, Zäunen, Rankgerüsten, Terrassen und Gerätehäuschen.
Sehr witterungsbeständige Hölzer sind Akazie, Eiche und Lärche. Sie alle sind auch ohne Imprägnierung sehr dauerhaft, aber leider teuer. Druckimprägniertes Kiefern- oder Fichtenholz ist wesentlich billiger und steht den vorhin genannten Holzarten in punkto Haltbarkeit um nichts nach.
Holzkonstruktionen sollten keinen direkten Bodenkontakt haben, da das Holz sonst sehr schnell verfault. Sämtliche Holzkonstruktionen stellt man daher auf Metallstelzen, die entweder in den Boden geschlagen oder in ein Punktfundament einbetoniert werden.

Die wichtigsten Holzarten

- Kiefer: Häufig im Freiland verwendetes Nadelholz, leicht zu verarbeiten und relativ preiswert. Haltbarkeit: 8-10 Jahre (imprägniert).
- Lärche: Heimisches, festes Nadelholz, gute Wetterbeständigkeit. Mittlere Preisklasse. Haltbarkeit: 10-12 Jahre. Die heimische Gebirgslärche ist geringfügig teurer, dafür hält sie bis 15 Jahre.
- Eiche: Traditionelles und robustes, einheimisches Hartholz, das im Freien relativ beständig ist, was den hohen Preis rechtfertigt. Haltbarkeit: 15-20 Jahre.
- Robinie: Die relativ gute Witterungsbeständigkeit und Härte macht Robinienholz zu einer guten, aber fast ebenso teuren Alternative zu tropischen Hölzern. Haltbarkeit: 15-20 Jahre.
- Teak: Teakholz ist das beste und witterungsbeständigste, aber auch teuerste Holz für die Verwendung im Freiland. Selbst ohne Imprägnierung ist es nahezu unverwüstlich. Aus ökologischen und humanitären Gründen sollte nur Teakholz aus kontrolliert nachhaltiger Plantagenwirtschaft verwendet werden. Das Gleiche gilt übrigens für alle anderen Tropenhölzer.

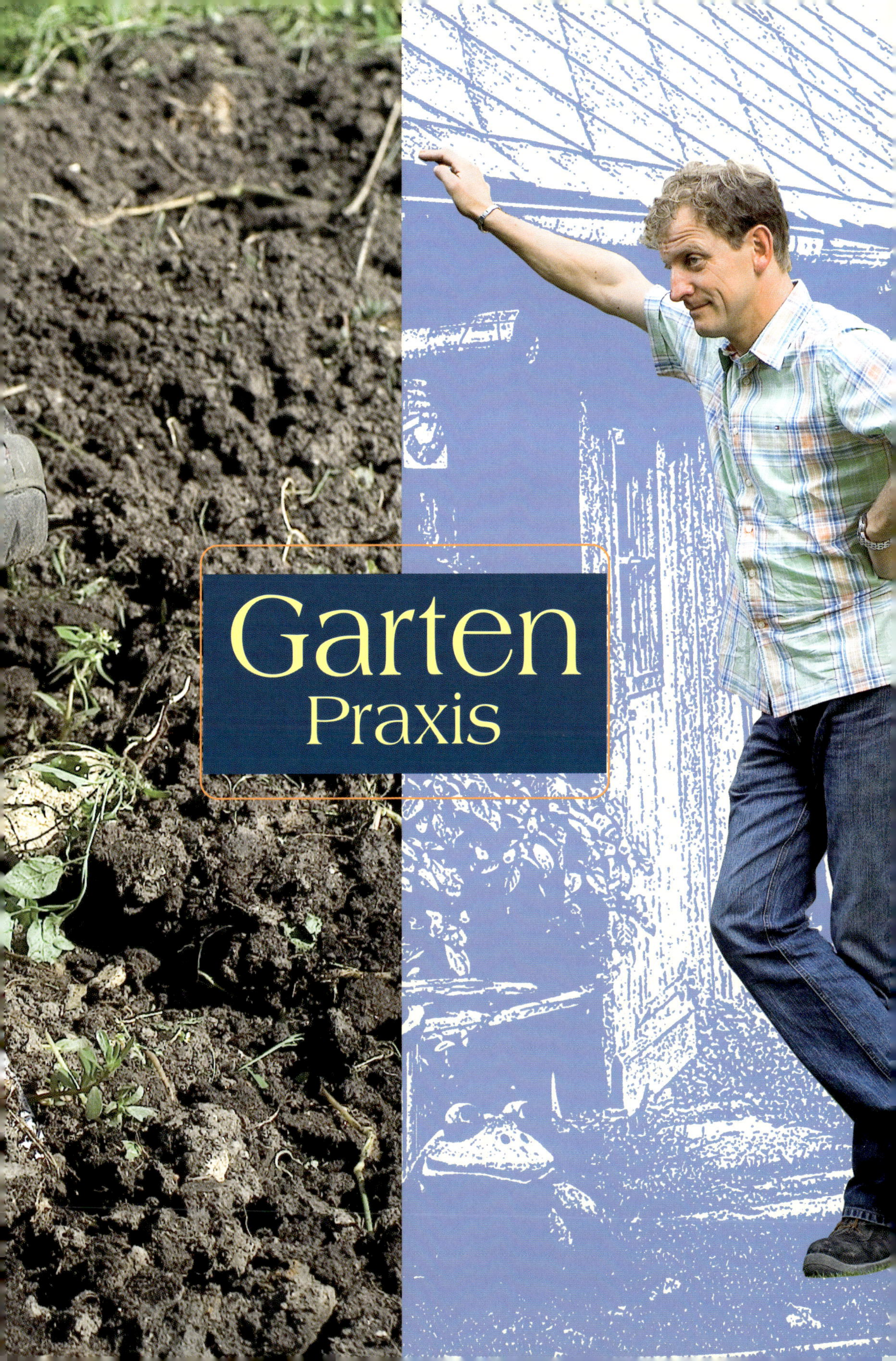
Garten
Praxis

Gärten im Winter

Der Winter ist nicht gerade die Lieblingsjahreszeit der Gärtner. Erfrorene Pflanzen, Schneebruch an Sträuchern und Bäumen oder verfaulte Zwiebeln, Knollen und Stauden bereiten uns oft eine herbe Enttäuschung.
Den Garten auf den Winter vorzubereiten ist daher eine schöne Herausforderung, denn oftmals entscheidet gärtnerisches Geschick und Verständnis über das unbeschadete Überleben vieler Gartenpflanzen. Den Lohn der mühsamen Herbstarbeiten aber gibt es erst im nächsten Frühling, wenn tausende Blüten und Blätter das Gärtnerherz höher schlagen lassen. Sollte trotz Ihrer Bemühungen manches nicht überleben, geben Sie nicht gleich auf, sondern nutzen Sie den freien Platz, um Neues auszuprobieren.

Vom Sinn der Kälte

Trotz allem – die kalte Jahreszeit ist für die Pflanzen in unseren Breiten lebensnotwendig. Üppiges Wachstum, reichliche Blüte und reife Früchte sind nur möglich, wenn den Pflanzen eine ungestörte Ruhephase gegönnt ist. Was die Nacht für uns schnelllebige Menschen, das ist der Winter für Pflanzen – eine Möglichkeit, sich von den Strapazen zu erholen und neue Kräfte zu sammeln.

Die winterliche Kälte ist sogar eine Voraussetzung dafür, dass im Frühjahr die Obstbäume blühen können oder dass verschiedene Samen auskeimen. Letztere bezeichnet man als Frostkeimer. Aus diesen Gründen sollten wir uns mit dem Winter unbedingt arrangieren und seine Notwendigkeit akzeptieren.

„Leichter gesagt, als getan", werden Sie sich nun denken, denn es gibt auch etliche Gartenpflanzen, die den Winter in unseren Breiten nicht gewöhnt sind. Manche Bäume, Sträucher und Stauden in unseren Gärten sind exotische Gäste und stammen aus wärmeren Gegenden der Welt. Auch die eine oder andere heimische Pflanze hat für exponierte Lagen von der Natur nicht ganz das richtige Rüstzeug mit auf den Weg bekommen. Sie alle wollen im Winter umsorgt werden.

Frostrisse sind typische Kälteschäden.

Vorsicht Streusalz

Schützen Sie Ihre Hecken an der Straßenseite vor der Salzstreuung. An Thujen, Fichten und Eiben können erhebliche Schäden entstehen. Schilfmatten helfen gut. In diesem Fall leisten auch Folien in geringem Abstand vor der Hecke angebracht gute Dienste. Zu diesem Zweck schlagen Sie etwa 40 cm vor der Hecke 1,5-2 m hohe Pfähle im Abstand von ca. 3 m in den Boden. An diesen Pfählen befestigen Sie nun eine Plane, die der Hecke ausreichend Schutz bietet.

Winterschäden vorbeugen

Besonders heimtückisch sind solche Schäden, die durch Kälte und besonders durch eiskalten Wind entstehen. Wie sollen wir auch mit einem Blick aus dem warmen Wohnzimmer erkennen, ob unsere Pflanzen im winterlichen

Garten frieren, ob sie leiden oder womöglich schon eingehen? Der pflichtbewusste Hobbygärtner verpackt daher vorsorglich alle empfindlichen Pflanzen und schützt sie so vor dem Winter.
Doch Vorsicht! Bevor Sie Hand anlegen, sollten Sie wissen, auf welche Art und Weise die Kälte Ausfälle an Pflanzen verursacht und wie die häufigsten frost- und winterbedingten Schäden zustande kommen.

Käfers Gartentipp

Frostempfindliche Pflanzen wie Sommerflieder oder Lavendel sollten Sie generell im Frühling setzen. So haben die Pflanzen genügend Zeit, gut einzuwurzeln.

Die richtigen Pflanzen wählen

An erster Stelle soll das Abfrieren von Pflanzen und Pflanzenteilen erwähnt werden. Temperaturen unter dem Gefrierpunkt zerstören das Zellgewebe von Pflanzen, die an unser Klima nur sehr schlecht oder gar nicht angepasst sind. Darum ist schon beim Pflanzenkauf Vorsicht geboten – nur wer sich vorab gut informiert oder beraten lässt, kann sicher sein, dass die neu erstandenen Pflanzen den Winter unbeschadet überstehen. Vorsicht! Mancherorts wird das eine oder andere Gewächs als gut frostfest angeboten, obwohl dies nur bedingt zutrifft. Im Weinbauklima an der Donau oder im Pannonikum wachsen Feigenbäume auch im Freiland, im Waldviertel hingegen wären sie zum Erfrieren verurteilt, wahrscheinlich sogar trotz Winterschutz. Wenn Sie also nicht bereit sind, ihre Pflanzen im Herbst sorgsam zu verpacken, können Sie Winterschäden nur vermeiden, indem Sie gut winterharte Stauden und Gehölze pflanzen, die sich selbst überlassen werden können.

Falscher Rückschnitt

Nicht nur Frost und Kälte verursachen Winterschäden an Pflanzen, auch ein unsachgemäß durchgeführter Rückschnitt kann das Absterben der Pflanze über den Winter zur Folge haben.
Pflanzen, die im Winter stärker zurückfrieren, dürfen im Herbst nur ganz wenig oder gar nicht zurückgeschnitten werden. Besonders Rosen, Lavendel, Sommerflieder und Gräser sind in dieser Hinsicht sehr empfindlich. Gräser schützen sich dagegen selbst vor dem Erfrieren, da die abgestorbenen Halme im Lauf des Winters ein schützendes Polster für die unteren Teile der Pflanze bilden. Darum sollten sie nicht vor Ende Februar abgeschnitten werden.
Bei Rosen ist es nicht ganz so dramatisch. Im Gegensatz zu den Gräsern wird ein zu früher Rückschnitt nur selten zum Absterben der Pflanze führen, vor allem nicht, wenn die Stöcke mindestens 20 cm hoch angehäufelt werden. Starker Rückschnitt an Rosen sollte dann erfolgen, wenn die schwellenden Augen an den Haupttrieben erkennbar sind. Nur so kann – je nach Rosenart – auf drei oder fünf gesunde Augen zurückgeschnitten werden.
Selbstverständlich dürfen Sie im Herbst verwelkte Blüten an sämtlichen Pflanzen entfernen, unabhängig davon, wie frostempfindlich diese sind.

Schäden durch Schneebruch

Bäume und Sträucher können oft beträchtlichen Schaden durch Schneedruck nehmen. Besonders immergrüne Nadel- und Laubgehölze sind hiervon betroffen, da sie dem Schnee eine größere Auflagefläche bieten. Die Gefahr ist auch bei sommergrünen Laubgehölzen nicht zu unterschätzen. Wenn Schnee an Ästen und Zweigen anfriert und frischer Neuschnee darauf fällt, steigt die Belastung der Äste durch das Gewicht. Wenn dann noch zu allem Überfluss die Äste stark gefroren und dadurch sehr spröde sind, kann es zu beträchtlichen Bruchschäden kommen. Trotzdem ist Schneebruch keine allzu große Gefahr und leicht zu vermeiden, sofern Sie nicht vergessen, Ihre Gehölze im Garten rechtzeitig von der Last zu befreien, indem Sie den Schnee regelmäßig abschütteln. Als vorbeugende Maßnahme gegen Schneebruch bei niedrigen immergrünen Gehölzen (Kirschlorbeer, Rhododendron, Buchs) ist ein Schneeschutz, den man im Spätherbst aufbaut, zu empfehlen. Zum Schutz einzelner Pflanzen dient ein A-Ständer wie er auch für die Plakatwerbung verwendet wird. Ein solcher ist einfach hinzustellen und zu entfernen, dazu bietet er optimalen Schutz.

Bei größeren Pflanzungen oder Einzelpflanzen wird es schon schwieriger. Schlagen Sie zwischen die Pflanzen Pfähle in den Boden, die mindestens 50 cm höher sind als die höchste zu schützende Pflanze. Verbinden Sie nun die oberen Enden mit einer Schnur oder noch besser mit Holzlatten. Darauf legen Sie Fichtenreisig oder Tannenäste, sodass ein schützendes Dach entsteht.

Schnee auf Ästen bedeutet Bruchgefahr.

Schäden durch Sonnenstrahlung

In diesem Fall hat die Kälte eine Verbündete – und zwar die Sonne. Besonders betroffen sind immergrüne Gehölze wie Efeu, Kirschlorbeer, Kriechmispel (*Cotoneaster*) oder Rhododendren. Die Schäden entstehen bevorzugt nach kalten, klaren Winternächten. In Lagen mit wenig Schnee kann die Temperatur hier schnell bis unter minus 20 °C sinken. Wenn nun morgens die Sonne aufgeht, erwärmen ihre Strahlen die Blätter. Diese verdunsten Wasser, welches aber durch die Leitungsbahnen der noch gefrorenen Zweige und Stämme nicht nachfließen kann. In der Folge sterben die Blätter ab und werden braun.

Im Gegensatz zum ganz normalen Abfrieren ist diese Art von Frostschädigung auch an absolut winterharten Pflanzen möglich. Bei immergrünen Pflanzen entstehen so irreparable Schäden. Zur Vorbeugung hilft schattieren an sonnigen Wintertagen und gießen, sobald der Boden nicht mehr gefroren ist. Auch die Stämme von Hochstämmchen wie Rosen, Buchs und Spindelstrauch wollen im Winter gut geschützt werden. Durch intensive Sonnenbestrahlung wird der Stamm stark in Mitleidenschaft gezogen. Die Folge ist, dass die Krone nicht mehr ausreichend mit Wasser und Nahrung versorgt wird und unweigerlich abstirbt. Nicht nur für Hochstämmchen, sondern auch für Obstbäume wie Kirsche, Pfirsich, Marille und Nektarine stellen Kälte und Sonne eine gefährliche Kombination dar.

Ein weißer Anstrich schützt vor der Wintersonne.

Wie können Sie nun Ihre Pflanzen schützen? Ganz einfach – ein weißer Kalkanstrich an Stämmen und dicken Ästen verhindert meist das Schlimmste. Die weiße Farbe reflektiert das Sonnenlicht. So wird eine Erwärmung vermieden, die sonst zu Spannungen in der Rinde führt. Frostrisse wären die Folge, die im Frühjahr Schädlingen und Krankheiten Tür und Tor öffnen.

Frosttrocknis

Frosttrocknis entsteht, wenn die Pflanzen bei verstärkter Sonneneinstrahlung einen erhöhten Stoffwechsel haben und viel Wasser verdunsten, der Boden aber noch gefroren oder zu trocken ist. So kann kein Wasser nachfließen. Ein weiterer Grund kann sein, dass die Wurzeln der Pflanzen nicht tief genug reichen, und so schon ein nur oberflächlich gefrorener Boden Probleme verursacht. Besonders oft betroffen sind Kübelpflanzen, wenn diese nicht regelmäßig an frostfreien Tagen gegossen werden. Kübel trocknen an windigen und sonnigen Wintertagen besonders schnell aus. Hier hilft eine Verpackung des Kübels beispielsweise mit Noppenfolie.

Bei extrem niedrigen Temperaturen wird den Pflanzen zudem verstärkt Feuchtigkeit entzogen – ähnlich wie beim Gefriertrocknen. Starker Frost lässt zudem an Wurzeln und oberirdischen Teilen das Wasser in Form von Eiskristallen ausblühen. Diese Art des Erfrierens stellt besonders für krautige (nicht verholzte), wintergrüne Pflanzen eine große Gefahr dar. Stiefmütterchen, Gänseblümchen oder Vergissmeinnicht können so bei lang anhaltender Kälte und fehlender oder dünner Schneedecke ausfrieren, besonders wenn der

Boden zu trocken ist. Dazu ein kleines Beispiel: Stiefmütterchen für den Frühlingsverkauf, die im Oktober eingetopft werden, überwintern in meiner Gärtnerei im Folienhaus ohne Heizung. Temperaturen bis minus 18 °C sind hier keine Seltenheit. Jene Pflanzen, die ausreichend mit Wasser versorgt wurden, sind zwar steinhart gefroren, überleben aber ohne bemerkenswerte Schäden. Jene, die im Topf zu trocken standen, haben bei solchen Temperaturen keine Chance. Doch Vorsicht – zuviel Wasser im Herbst kann zur Wurzelfäule und zum Absterben der Pflanzen führen. Hier ist Fingerspitzengefühl gefragt!

Idealer Kälteschutz: Tannen- und Fichtenreisig.

Kübelpflanzen überwintern

Wer auf empfindlichere Gewächse nicht verzichten will, wird nicht darum herumkommen, diese im Winter in einen geeigneten frostfreien und gut gelüfteten Raum zu stellen. Leichter und kurzzeitiger Frost wird von manchen Pflanzen vertragen und hat sogar den Vorteil, dass er Schädlingsbefall reduziert. Beispiele für solche Pflanzen sind Yucca, verschiedene Spindelstraucharten, Aucuba, Oliven oder Eukalyptus. Überwintern bei zu hohen Temperaturen hat oft zur Folge, dass sich lange fadenförmige Triebe entwickeln, die sehr leicht von Krankheiten und Schädlingen befallen werden. Ideal ist eine Überwinterungstemperatur von 5-10 °C.

Einigermaßen frostresistente Pflanzen können gut eingepackt auch in einer windgeschützten Ecke auf dem Balkon überwintern. Noch einige Tipps: Schneiden Sie Pflanzen vor dem Einräumen ins Winterquartier zurück und stellen Sie sie nicht zu eng auf. Lüften Sie gut und kontrollieren Sie regelmäßig auf Schädlingsbefall. Befallene Pflanzenteile sollten Sie sofort entfernen. Halten Sie den Wurzelballen feucht und schattieren Sie bei zu starker Sonnenbestrahlung.

Rosen und Hortensien

Topfrosen lassen sich im Freien überwintern. Zwischendurch sollten Sie die Feuchtigkeit

Käfers Gartentipp

Geranien werden erst nach der Winterruhe zurückgeschnitten. Sie können diese auch überwintern, indem Sie die Pflanze in einen Beutel stecken und kopfüber aufhängen.

Löcher in der Folie lassen Luft an die Pflanze.

Sie können den Pflanzkübel komplett in einen etwa 10 cm größeren Topf stellen und die Zwischenräume mit Laub, alten Zeitungen oder anderem Dämmmaterial ausfüllen. Gängiger ist aber das Verpacken des Gefäßes mit einem dicken Mantel aus beispielsweise Sackleinen, Jutesäcken oder Schilfrohrmatten. Berechnen Sie den Bedarf so, dass Sie etwas mehr Verpackungsmaterial einplanen als der tatsächliche Umfang des Topfes erfordert. In den Zwischenraum können Sie isolierende Materialien stopfen. Das ganze wird dann mit einem Strick gut zusammengebunden. Da auch im Winter gegossen wird, muss gewährleistet sein, dass das überschüssige Wasser abfließen kann und sie von oben gießen können.

kontrollieren. Auch im Topf ist es ratsam, die Stöcke anzuhäufeln. Als Standort wählen Sie einen geschützten Platz in Hausnähe, der den ganzen Winter über im Schatten liegt. So wirken sich Temperaturschwankungen nicht so stark aus, und die Pflanze wird in der Winterruhe nicht gestört. Dasselbe gilt für Hortensien, die ebenfalls oft in Töpfen kultiviert werden. Zusätzlich zum Anhäufeln ist es hier ratsam, das Pflanzgefäß einzupacken. Der Grund ist, dass die Wurzeln der Hortensien nicht so robust sind wie jene der Rosen.

Kübelpflanzen verpacken

Viele Kübelflanzen können den Winter über draußen bleiben - allerdings nur gut verpackt. Anders als bei Gartenpflanzen sind hier bei Frost besonders die Wurzeln gefährdet, da die Kälte hier von allen Seiten kommt.
Stellen Sie den Kübel an eine geschützte Stelle und unterlegen Sie kleine Holzbretter, damit er nicht direkt auf dem Boden steht.

Verpackungsmaterialien

Sollten Sie die eine oder andere Pflanze im Garten verpacken müssen, so verwenden Sie nur natürliche, luftdurchlässige Materialien

Noppenfolie isoliert Kübelpflanzen.

wie Jute, Kokosfasern oder Schilfmatten. Kunststofffolien oder Plastik sind ungeeignet, die Pflanzen werden darunter ersticken und verfaulen. Ideal zum Abdecken sind Fichtenzweige. Diese verlieren den Winter über ihre Nadeln, sodass im zeitigen Frühjahr das Licht an die Pflanzen dringen kann. Ein perfekter Winterschutz ist übrigens Schnee, sofern er nicht verdichtet und fest gefroren ist.

Der Winter hat durchaus schöne Seiten.

Der Rasen im Winter

Apropos verfaulen: Rasen wird unter einer lang anhaltenden Schneedecke leider oft sehr geschwächt, vor allem wenn der Herbst sehr nass war oder das Falllaub nicht abgeharkt wurde. Mit dem letzten Schnitt sollte der Rasen auf etwa 5 cm eingekürzt werden. Eine kaliumbetonte Düngung im Herbst macht die Rasengräser widerstandsfähiger, ansonsten können Sie vorbeugend nur wenig tun.
Betreten Sie die Rasenfläche nicht, wenn Schnee auf ihr liegt. Der so verdichtete Schnee braucht wesentlich länger zum Abtauen und der darunterliegende Rasen erstickt schneller.

Ungebetene Wintergäste

Wenn Sie Wühlmäuse im Garten haben, dann bekämpfen sie diese im Winter.
In der kalten Jahreszeit ist für sie die Nahrung generell knapp. Häppchen in einer Lebendfalle, die vom Menschen in die Gänge eingebracht werden, nehmen sie dankbar an. Der wahre Tierfreund wird die so gefangenen Mäuse weit genug vom Garten entfernt wieder aussetzen.
Nicht nur Wühlmäuse sind ungebetene Gäste in unseren Gärten. In abgelegenen ländlichen Gegenden können auch Hasen und Rehe zur Plage werden, auch wenn sie den Wühlmäusen in der Gunst des Menschen weit überlegen sind. Schützen Sie die Stämme Ihrer Obstbäume mit Gittern, Brettern oder Schläuchen, die es eigens für diesen Zweck zu kaufen gibt. Beachten Sie, dass bei einer hohen Schneedecke selbst Hasen die Krone der Obstbäume erreichen können. Einige Haare aus einem Schaffell auf den Triebspitzen der Pflanzen wirken gegen Rehverbiss wahre Wunder!

Käfers Gartentipp

Wenn der Boden fest gefroren ist, darf und kann man die Pflanzen nicht gießen. Auf keinen Fall sollten Sie den Versuch starten, mit warmem Wasser den Boden aufzutauen.

Richtiges Gießen

Die häufigste Schadursache ist eine zu gut gemeinte Pflanzenpflege. Aus nicht nachvollziehbaren Gründen ziehen täglich Blumenliebhaber, ausgerüstet mit Schlauch oder Gießkanne, durch Garten und Wohnung, um ihre geliebten Pflanzen zu ertränken. Viele Pflanzen zeigen in einer solchen Situation jedoch einen erstaunlichen Überlebenswillen. Selbst stehendes Wasser im Übertopf können Sie eine Zeitlang tolerieren. Die meisten geben aber unter solchen Umständen auf und sterben ab.Gießen Sie also Ihre Pflanzen eher sparsam. Von Trockenheit erholen Sie sich meistens recht gut, von zu viel Nässe hingegen nicht mehr.

Fehler vermeiden

Man sieht es einer Pflanze nicht gleich an, ob sie unter Wassermangel oder anderen Schadursachen leidet. Selbst durch Nässe oder Trockenheit verursachte Schadbilder lassen sich durch reines Betrachten nicht exakt auseinanderhalten. Der Grund hierfür ist ganz einfach: Pflanzen nehmen Wasser ausschließlich über ihre Haarwurzeln auf. Bei zuviel Nässe sterben diese empfindlichen Organe ab und die Pflanze welkt, obwohl ausreichend Feuchtigkeit in der Erde vorhanden ist. Besorgte Blumenliebhaber reagieren nun naturgemäß mit dem Verabreichen weiterer, üppiger Wassergaben. Das bedeutet jedoch in der Regel das Aus für die Pflanzen. Dabei wäre es so einfach, diesen Fehler zu vermeiden.

Besprühen erhöht die Luftfeuchtigkeit.

Käfers Gartentipp

Prüfen Sie den Feuchtigkeitsgehalt der Erde, bevor Sie mit dem Gießen beginnen! Notieren Sie sich, welche Pflanze Sie wie oft gießen. Das machen Sie solange, bis sie Routine haben.

Schnelltest: Gießen oder nicht?

Wie erkennen Sie nun, ob gegossen werden muss oder nicht? Verlassen Sie sich aus oben beschriebenen Gründen nicht nur auf das Erscheinungsbild Ihrer Pflanze. Heben Sie zunächst den Topf an. An seinem Gewicht erkennen Sie sicher, ob der Wurzelballen trocken oder sehr nass ist. Auf diese Art können äußerst fatale Gießfehler gleich vermieden werden.

Gibt das Gewicht des Topfes keine genauen Aufschlüsse oder ist die Pflanze zu groß, um sie hochheben zu können, dann bohren Sie einen Finger in die Erde. Bleibt die Erde an ihm kleben und färbt beim Reiben zwischen den Fingern stark ab, ist es nicht nötig zu wässern. Werden die Finger dagegen kaum schmutzig, ist die Erde zu trocken.

Wenn Sie sich nicht ständig die Hände schmutzig machen wollen, können Sie natürlich auch einen elektronischen Feuchtigkeitsmesser verwenden. Diese funktionieren nach einem einfachen Prinzip. Erde enthält Salze, welche in Wasser gelöst Strom leiten. Ist die Erde sehr feucht, wird der Strom gut geleitet, ist sie trocken, nur sehr schlecht. Auf einer Skala können Sie bequem ablesen, wieviel Strom fließt und daraus schließen, wie feucht die Erde ist.

Das Gewicht des Topfes verrät den Feuchtegrad.

Der richtige Zeitpunkt

Der richtige Gießzeitpunkt ist gekommen, wenn die Erde einigermaßen abgetrocknet ist. Pflanzen mögen an und für sich den Wechsel zwischen feucht und trocken. Die Erde bleibt dadurch luftig und die Wurzeln werden ausreichend mit Sauerstoff versorgt. Auch Bodenschädlinge können durch den Feuchtigkeitswechsel besser unter Kontrolle gehalten werden und breiten sich entsprechend nicht so schnell aus.

Regen- oder Leitungswasser?

Nicht nur um Geld zu sparen, sollten Sie Regenwasser sammeln, es eignet sich auch besser zum Gießen als Leitungswasser. Der Grund ist, dass die Beschaffenheit von Leitungswasser sehr unterschiedlich sein kann und davon abhängt, durch welches Gestein es gesichert ist. Kalkgestein verändert den Salzgehalt des Wassers, das Wasser wird „hart". Durch zu hartes Wasser kann es zur Versalzung des Bodens kommen, das bedeutet, dass die Wurzeln trotz feuchter Erde kein Wasser mehr aufnehmen können und absterben. Ein typischer Hinweis auf zu hartes Wasser sind die weißen Kalkausblühungen an der Oberfläche der Erde im Blumentopf. Viele Pflanzen wie Azaleen und Rhododendren reagieren empfindlich auf einen zu hohen Kalkgehalt des Wassers. Wasser mit einem geringen Anteil an gelöstem Kalk bezeichnen wir als weich. Regenwasser dagegen ist „destilliertes" Wasser, lediglich verunreinigt durch Schmutzpartikel, die sich in der Luft befinden. Dünger, den man Regenwasser beimischt, löst sich sehr rasch auf und die Gefahr der Bodenversalzung ist nur gering.

Die richtige Technik

Bei großen Gefäßen sollten Sie eher in der Nähe des Topfrandes gießen als zu nahe am Stamm. Am Topfrand befinden sich die feinen Haarwurzeln, die das Wasser aufnehmen. Ist der Wurzelballen sehr stark ausgetrocknet, nimmt die Erde das Wasser nur mehr sehr schwer auf. In diesem Fall ist es besser, den Wurzelballen samt Topf bis zum Rand so lange in Wasser zu tauchen, bis kaum mehr Luftblasen aufsteigen. Nach dem Eintauchen muss das überschüssige Wasser gut ablaufen können, um im Übertopf oder im Untersetzer keine Staunässe zu verursachen. Generell gilt, dass kurz nach dem Gießen angesammeltes Wasser aus Übertöpfen und Untersetzern ausgeschüttet wird.

Hydrokultur – gewusst wie

Hydrokultur ist jenen Pflanzenliebhabern zu empfehlen, die trotz aller Tipps und Ratschläge mit dem Gießen nicht zurechtkommen oder viel unterwegs sind. Das Prinzip ist einfach: Statt in Erde stehen die Pflanzen in einem Behälter mit Blähtonkügelchen. Diese porösen Kügelchen speichern nur wenig Wasser, sind aber chemisch neutral, sodass sie auf das Wasser keinen Einfluss haben. Der Blähton dient ausschließlich dazu, der Pflanze Halt zu geben. Die Nährstoffe gelangen über das zugeführte Wasser an die Wurzeln. Gedüngt wird entweder mit Flüssigdünger oder mit einem Ionenaustauscher, der die Kalkionen im Wasser gegen Nährstoffionen austauscht.
Da das Wasser im Topf einige Zentimeter hoch stehen bleibt, zeigt ein Wasseranzeiger mit Schwimmer sehr zuverlässig die Höhe des Wasserspiegels im Gefäß. Der Anzeiger ist in drei Zonen geteilt: Minimum – Optimum – Maximum. Nach dem Gießen sollte die Marke „Optimum" nur wenig überschritten sein. Gießen Sie erst wieder, wenn der Wasserstandsanzeiger für mehrere Tage auf der Minimum-Marke stand. So wird das Wasser ständig erneuert, und die Gefahr von Fäulnisbildung ist stark reduziert. Also auch hier gilt: Eher mäßig gießen und nicht gleich die Pflanzen ertränken.

Terrakotta-Kästen eignen sich ideal für den Balkon.

Balkonpflanzen

Im Gegensatz zu Zimmerpflanzen müssen Pflanzen in Balkonkästen öfter gewässert werden. Hier spielt das Substrat eine wichtige Rolle für den Wasserhaushalt. Einerseits soll es Wasser gut speichern, andererseits bei zuviel Nässe nicht verschlämmen und so den Wurzeln die Luftzufuhr abschneiden. Nur hochwertige Erde erfüllt diese Anforderungen.
Wenn die Erde stark ausgetrocknet ist, sollten Sie mit einigen Minuten Zeitabstand mehrmals hintereinander gießen. Nur so kann sie Feuchtigkeit aufnehmen. Wenn Sie Wasser ohne Unterbrechung in den Kasten laufen lassen, rinnt die Flüssigkeit durch die trockene Erde und spült dabei sehr viel Nährstoffe aus. Seit einigen Jahren sind im Fachhandel Balkonkästen mit eingebautem Wasserreservoir

Gießen Sie gezielt und nicht flächendeckend.

erhältlich. Ein Zwischenboden trennt dabei das Substrat vom Wasser, das durch Dochtschnüre von der Erde aufgesogen wird. Das ist besonders praktisch, wenn Sie mal einige Tage keine Zeit zum Gießen haben.

Kübelpflanzen gießen

Bepflanzte Gefäße – auch wenn sie sehr groß sind – kommen den Sommer über mit den natürlichen Niederschlägen nicht aus. Sie müssen daher, wenn auch nur selten, gegossen werden. Wenn Sie eine Kübelpflanze wässern, sollten Sie das mit ausreichend viel Wasser tun, um zu gewährleisten, dass auch Wurzeln in tieferen Erdschichten ausreichend versorgt werden. Wenn Sie sehr oft mit kleinen Wassermengen gießen, verlagern sich die Wurzeln in die oberste Erdschicht und wären dann bei einer längeren Trockenperiode sehr gefährdet. Dieser Tipp gilt im Übrigen für alle Pflanzen im Freien.

Wässern im Garten

Gartenpflanzen wollen am liebsten am frühen Morgen gegossen werden. Sie können dann – falls Blätter und Blüten benetzt wurden – tagsüber gut abtrocknen. Das ist wichtig, da Krankheiten wie Pilzinfektionen nur in feuchtem Milieu entstehen und sich dann rasant ausbreiten. Pilzsporen können in trockene Pflanzenteile nur sehr schwer eindringen. Ein weiterer Grund, weshalb Sie frühmorgens gießen sollten, ist, dass der Boden oder die Erde noch sehr kühl sind. Die Pflanzen tragen dann durch das Gießen mit kaltem Wasser keinen Schock oder gar Schäden davon. Gießen bei starker Sonneneinstrahlung kann auf den Blättern Brandflecken verursachen.
Gießen Sie nur den Wurzelbereich von Pflanzen, die es nötig haben. Es ist auch nicht notwendig, die ganze Fläche zu wässern. Zum einen ist dies eine Verschwendung von

Käfers Gartentipp

Gießen Sie Balkonkästen mit Wasserspeicher regelmäßig von oben. Befüllen Sie den Speicher nur bei sehr großer Hitze oder wenn Sie einige Tage keine Zeit zum Gießen haben.

Wasser, zum anderen freuen sich besonders Schnecken darüber, die sich auf dem feuchten Grund besser fortbewegen können.
Gießen Sie dort wo Sie gießen gründlich, sodass der Boden sich gut vollsaugen kann. Sie müssen auch nicht täglich den ganzen Garten wässern. Teilen Sie ihn in Abschnitte auf und wässern Sie dann reihum.

Neupflanzungen gießen

Beim Pflanzen von Rosen, Sträuchern und Bäumen ist richtiges Wässern von entscheidender Bedeutung für den Erfolg. Schon vor dem Pflanzen sollten Sie die Wurzelballen ins Wasser tauchen oder stellen, damit sie sich gut vollsaugen können.
Nach dem Einsetzen der Pflanze dürfen Sie die Erde nicht gleich festtreten, sondern sollten erst einmal gut angießen. Nach dem Andrücken der Erde, kann das Wasser nämlich nur schwer zu den Wurzeln vordringen und läuft an der Oberfläche ab. Schlämmen Sie die Erde gut ein, auch an Regentagen. Dies ist wichtig, damit die Wurzeln einen optimalen Kontakt zur Umgebung bekommen und keine luftgefüllten Räume verbleiben.
Gießen Sie frisch gepflanzte Gehölze vorsichtig mit einer Gießkanne ein. Nur so können Sie die Wassermenge bestimmen, die sie ausbringen. Beim Bewässern mit dem Gartenschlauch kann man sich lediglich auf sein Gefühl verlassen.
Nach dem Eingießen der Neubepflanzung dürfen Sie – je nach Bodenbeschaffenheit – nur mehr im Abstand vo 8 bis 14 Tagen wässern. Diesen Rhythmus sollten Sie über mehrere Monate beibehalten, auch dann, wenn es keine Niederschläge gibt.

Ein Moorbeet feucht halten

Ein Moorbeet ist hauptsächlich mit mehr oder weniger stark zersetztem Torf befüllt. Der Torf, wenn er ausreichend bewässert ist, speichert das Wasser sehr gut. Umso wichtiger ist es, bei der Errichtung eines Moorbeetes den sehr trockenen Torf durchdringend zu gießen und während des Gießens einige Male zu durchmischen. Nach dieser Behandlung ist es meist erst nach einer sehr langen Trockenperiode nötig, das Moorbeet zu bewässern. Moorbeetpflanzen sind kalkfliehend, darum ist das Gießen mit Regenwasser zu empfehlen.

Automatische Bewässerung mit Sickerschläuchen.

Boden und Substrate

Der Gartenboden ist das wohl kostbarste Gut eines Gärtners. Er entscheidet über Erfolg oder Misserfolg der gärtnerischen Tätigkeit. Natürlich gehören dazu auch noch andere Faktoren wie Klima, Licht und Temperatur, doch ist das Ökosystem Boden besonders komplex und sensibel.

Auf den nächsten Seiten erfahren Sie einiges über die häufigsten Bodenarten und wie Sie Ihren Boden verbessern und dadurch nicht nur den Ertrag steigern können, sondern auch die Umwelt schonen. Auch für Topf- und Kübelpflanzen ist die richtige Erde gefragt. Das Angebot unterschiedlicher Spezialerden ist verwirrend, ein gutes Produkt erkennt man oft nur am Preis. Dazu einige Ratschläge, um Ihnen die Kaufentscheidung zu erleichtern.

Wie entstehen Böden?

Bis sich auf der Erde ein fruchtbarer Humusboden gebildet hatte, vergingen Millionen von Jahren. Nach der Abkühlung unseres Planeten bestand die Erdoberfläche zunächst nur aus verschiedenen Gesteinsformationen. Temperaturschwankungen und Eis zersprengten das Gestein, Gletscher, Wasser und Wind verlagerten große Gesteinsmassen sowie Sand und Staub. Algen, Bakterien und ausgespülte Salze sowie Säuren zersetzten schließlich das Gestein zu Schluff, Ton und Mineralien. Erst auf dem so entstandenen Untergrund konnten erste Landpflanzen wie Flechten und Moose Fuß fassen. Durch das Absterben dieser Pflanzen und später auch tierischer Organismen wurde der mineralische Untergrund mit organischer Substanz angereichert, es konnte sich eine Humusschicht bilden, die auch höher entwickelten Pflanzen gute Wachstumsbedingungen bot. Durch das ständige Absterben von Pflanzen und Pflanzenteilen wurde auch das Bodenleben stark gefördert. So bildete sich eine Bodenschicht, die Pflanzen ideale Wachstumsbedingungen bietet, die sogenannte Krume oder auch Oberboden.

Die Bodengare

Je größer und dichter der Bewuchs, umso mächtiger ist auch der Humusanteil im Boden. In diesem sogenannten Oberboden spielen sich die meisten Lebensvorgänge ab. Lebewesen wie Bakterien, Pilze, Algen bis hin zu Milben, Insektenlarven und Würmern zersetzen hier organische Substanz zu Stoffen, die wiederum von Pflanzen aufgenommen werden können. Allein durch die Aktivität dieser unzähligen Bodenorganismen wird der Boden gut durchlüftet sowie humos und krümelig. Nährstoffe reichern sich an, die Wasserbindefähigkeit steigt und die Pflanzenwurzeln können sich gut entwickeln. Diesen feinkrümeligen, für Pflanzen idealen Zustand des Bodens nennt man die Gare.

Die Bodenarten

Bevor Sie im Garten ans Werk gehen, sollten Sie zunächst herausfinden, mit welcher Bodenart Sie es zu tun haben. Auf Bodenverbesserungsmaßnahmen reagiert z. B. ein Sandboden ganz anders als ein Boden mit sehr hohem Tonanteil. Die Bodenart wird nach den Hauptanteilen benannt, denen er seine Eigenschaft verdankt. Der bedeutendste Anteil ist dabei für die Benennung der Bodenart maßgeblich, z. B. Sandboden, Lössboden oder Lehmboden.

Kompost ist das Gold des Gärtners.

Von links nach rechts: Humus, Sand, Lehm.

Sandboden

Sandboden ist nicht unbedingt der Boden, den man sich als Gärtner wünscht, ist aber als Basis für einen bepflanzbaren Untergrund auf jeden Fall geeignet. Durch den niedrigen Humusanteil können Sandböden kaum Wasser speichern und Nährstoffe werden sehr schnell ausgewaschen. Zur Verbesserung der Bodenstruktur muss er reichlich mit Humus versorgt werden. Gut verrotteter Kompost eignet sich besonders. Er verbessert die Fähigkeit, Wasser zu halten und erhöht den Nährstoffgehalt.

Die Fingerprobe

Die Fingerprobe dient der Bestimmung der wichtigsten Bodeneigenschaften. Nehmen Sie eine Handvoll feuchter Erde und drücken Sie diese fest zusammen:

- Sandboden lässt sich weder formen noch kneten.
- Tonhaltige Böden lassen sich gut kneten und werden beim Trocknen hart.
- Schluff- und Lehmboden lässt sich ebenfalls gut kneten, hat aber eine gröbere Struktur. Er zerbröselt beim Trocknen schneller.

Sandböden sind sehr gut durchlüftet und daher leicht zu bearbeiten. Ferner kommt es auch bei starken Niederschlägen durch die gute Wasserführung zu keiner Vernässung und Verkrustung. Doch Vorsicht: Nach dem Einbringen von Kompost muss bei Trockenheit regelmäßig bewässert werden, um die Mikroorganismen am Leben zu erhalten, und zwar so lange, bis sich eine gute Krümelstruktur gebildet hat. Gießen Sie öfter, aber mäßig. Große Wassermengen schwemmen Feinteile und Nährstoffe in tiefere Bodenschichten aus.

Tonboden

Tonboden ist das genaue Gegenteil von Sandboden. Die sehr schlechte Durchlüftung und Wasserführung bewirken, dass der Boden bei zu viel Feuchtigkeit verschlämmt, verkrustet und dann nur sehr schwer zu bearbeiten ist. Als erstes muss die Wasserführung verbessert werden, dadurch ergibt sich dann auch eine bessere Durchlüftung des Bodens. Hierzu können Sie Sand, Humus und Kalk einarbeiten. Bei Tonböden kann es vorkommen, dass eingebrachte organische Stoffe nicht verrotten, sondern durch Luftmangel verfaulen. Die Aktivität der Humus bildenden Mikroorganismen ist sehr eingeschränkt und erfolgt nur mehr sehr langsam bzw. gar nicht. Eine Vertorfung der Pflanzenreste ist die Folge, Nährstoffe werden dadurch kaum mehr freigesetzt. Am Geruch erkennen Sie sehr leicht, ob die Verrottung unter den richtigen Bedingungen stattfindet. Der typisch erdige Geruch verrät ideale Bedingungen. Riecht die Erde unangenehm nach Fäulnis, muss tiefgründig gelockert und viel Sand eingebracht werden.

Pflanzgruben für Bäume oder Sträucher in sehr schweren, schlecht wasserführenden Böden sollten je nach Größe der Pflanze um ein Drittel tiefer gegraben und im unteren Drittel mit Schotter oder Kies aufgefüllt werden. So entsteht eine Dränageschicht, die das Absterben der Wurzeln verhindert.

Lehmboden

Landläufig wird Lehmboden oft mit Tonboden verwechselt. Lehmböden sind eine ausgeglichene Mischung aus Sand, Schluff und Ton, daher relativ gut wasserführend mit meist hohem Nährstoffgehalt und einer guten Krümelstruktur. Je nach Lehmanteil sind sie leicht zu bearbeiten und für Pflanzen in der Regel gut durchwurzelbar. Durch regelmäßige Zugabe von Kompost oder Einarbeiten von Gründüngung wird die Bodenfruchtbarkeit erhalten.

Die Schlämmprobe

Geben Sie ein Drittel Erde aus der Oberbodenschicht in ein Glas mit zwei Dritteln Wasser, rühren Sie gut um.

- Sand sinkt am schnellsten zu Boden.
- Lehm löst sich und setzt sich über der Sandschicht als Schlamm ab.
- Ton ist schwerer löslich und bildet feine Klümpchen.
- Humusanteile können bis zu drei Wochen im Glas schweben, bevor sie sich absetzen.

Guter Boden sorgt für gesunde Pflanzen.

Nähr- und Dauerhumus

Als Humus bezeichnet man alle organischen Bestandteile im Boden. Es handelt sich dabei um Reste und Zerfallsprodukte. Experten unterscheiden mehrere Humusarten, zwei davon erscheinen mir als besonders wichtig: der Nährhumus und der Dauerhumus.
Grundlage für Nährhumus sind schnell abbaubare organische Stoffe. Sie bilden die Lebensgrundlage für die meisten Bodenorganismen.

Leicht abbaubare Stoffe sind Wurzeln von abgeernteten oder abgestorbenen krautigen Pflanzen, Gründüngerpflanzen und die meisten pflanzlichen Küchenabfälle.

Dauerhumus entsteht dagegen aus schwer abbaubaren organischen Stoffen, wie Stroh, verholzten Pflanzteilen und auch Resten des Nährhumus. Er verleiht dem Boden die charakteristische dunkle Farbe. Der Dauerhumus ist für die Wasserbindung, die Speicherung der Nährstoffe und das Bodengefüge verantwortlich.

Nährstoffe zurückführen

Durch die Bewirtschaftung unserer Böden und Äcker werden dem Humus ständig Nährstoffe entzogen. Diese müssen direkt mittels Dünger oder indirekt durch Einbringung von Kompost oder Gründüngung wieder zugeführt werden. Im Herbst, nach der letzten Ernte, können Sie Ernterückstände sowie Mulchreste leicht in den Boden einarbeiten. Das Einarbeiten von Rohkompost und Reifekompost ist die wichtigste Maßnahme zur Erhaltung des Humusanteils im Boden. Doch Vorsicht: Es kann auch zu viel des Guten sein. Da Rohkompost sehr nährstoffreich ist, kann es bei gut versorgten Böden leicht zur Überdüngung kommen. Schlechtes Wachstum und Keimunfähigkeit der Samen wären die Folge. Wie weiß ich aber, wann es genug ist?

Hierzu ein bewährter Gärtnertrick. Bringen Sie auf einer kleinen Fläche in Ihrem Pflanz- oder Gemüsebeet Kompost auf und arbeiten Sie ihn in den oberen 20 cm ein. Von dieser Fläche nehmen Sie nun eine Erdprobe, füllen sie in ein Gefäß und säen darauf Kresse aus.

Gründüngerpflanzen

Name	Aussaatzeit	Bodenansprüche	Besonderes
Blaue Lupine *(Lupinus angustifolius)*	Mitte IV-Mitte XIII	sandige bis mittelschwere Böden	Stickstoffsammler, Tiefwurzler
Phazelia *(Phacelia tonacetifolia)*	Mitte III-Mitte XIII	auf allen Böden	frostfest bis –8 °C, für Fruchtfolge im Gemüsegarten
Studentenblume, *(Tagetes)*	Mitte V-Ende XIII	auf allen Böden	wirkt gegen Nematoden
Wicke *(Vicia sativa)*	Mitte V-Mitte XIII	auf allen Böden	Stickstoffsammler
Winterroggen *(Secale cereale)*	Ende IX-Anfang X	auf allen Böden	günstige Fruchtfolge im Gemüsegarten, frostfest

Wenn der Samen innerhalb von wenigen Tagen gut keimt, können Sie den Rest des Beetes getrost mit Kompost verbessern. Keimen nur wenige Samen, müssen Sie die Kompostmenge stark reduzieren oder gut verrotteten Kompost einbringen. Zur Kontrolle verwenden Sie auch etwas Erde aus dem nicht behandelten Teil des Beetes.

Gründüngerpflanzen

Das Prinzip der Gründüngung ist einfach. Säen Sie auf brachliegende Böden aus, lassen Sie die keimenden Pflanzen wachsen und arbeiten Sie sie dann nach einiger Zeit in den Boden ein. Dort verrotten sie und setzen ihre Nährstoffe frei. Als Gründüngerpflanzen verwendet man bevorzugt Leguminosen, die Stickstoff aus der Luft aufnehmen können, diesen zu pflanzenverfügbaren Nährstoffen umbauen und in ihren Wurzelknöllchen speichern. Das sind beispielsweise Lupinen, Erbsen, Bohnen und Wicken.
Durch die Gründüngung wird dem Boden aber nicht nur Stickstoff zugeführt, die verrottenden Pflanzen tragen wesentlich zur Humusbildung bei. Für leichte Böden sind Lupinen am besten geeignet. Sie benötigen für einen Quadratmeter etwa 15 g Saatgut. Erbsen sind für alle Böden zu verwenden.

Bodenverbesserung bei großen Flächen

Bei kleinen Gemüsebeeten oder Rabatten für Stauden und Sommerblumen ist es kein Problem, den Humusgehalt des Bodens zu erhöhen. Eigener Kompost reicht meist aus, um den Nährstoffbedarf der Pflanzen zu decken.

Komposterde wird vor Gebrauch durchgesiebt.

Ganz anders ist die Situation bei Großflächen, die begrünt werden sollen. Ein gutes Beispiel ist der Rasen. Kaum jemand hat für einige hundert Quadratmeter Fläche die erforderliche Menge Kompost zur Verfügung, um den Boden nachhaltig verbessern zu können. Hier ist gute Erde gefragt, die meist zugekauft werden muss. Bei der Errichtung von Straßen und Bauwerken wird oft Muttererde, das ist die fruchtbare Oberbodenschicht, abgegraben und zum Verkauf angeboten. Bevor Sie solche Erde in größeren Mengen erwerben, lassen Sie diese aber durch einen Fachmann begutachten. Denn erst einmal angeliefert und abgeladen, gibt es meistens kein Zurück mehr.

Fertige Komposterde

Komposterde aus Kompostieranlagen eignet sich ebenfalls zur großflächigen Bodenverbesserung. Diese ist kaum teurer als die oben genannte Erde von Baustellen. Aber auch hier sollten Sie sich genau über das Produkt informieren. Wenn Bioabfälle richtig kompostiert werden, entstehen hohe Temperaturen, die keimtötend wirken. Einige Samen von Wildkräutern und Gräsern können diesen Prozess jedoch überstehen. In diesem Fall kann es zu bösen Überraschungen kommen, wenn z. B. auf einer Rasenfläche alle möglichen Pflanzen besser wachsen, als der Rasen selbst. Komposterde, die zusätzlich durch Dampf erhitzt wird, ist dagegen frei von allen Krankheitskeimen und Unkrautsamen und kann bedenkenlos im Garten verwendet werden. Früher wurde Torf oft zur Erhöhung des Humusanteils auf großen Flächen verwendet. Von dieser Möglichkeit sollte man aber aus Gründen des Umweltschutzes nicht mehr Gebrauch machen, da durch den Torfabbau wertvolle Naturlandschaften zerstört werden.

Käfers Gartentipp

Bevor Sie Maßnahmen zur Bodenverbesserung ergreifen, sollten Sie eine professionelle Bodenanalyse machen lassen. Meist gibt es zur Bodenanalyse auch eine Düngeempfehlung.

Bodenbearbeitung

Zum Thema Bodenbearbeitung sind selbst Experten geteilter Meinung. Während die einen auf tiefgründiges Umgraben schwören, sagen die anderen, dass das Auflockern der obersten Bodenschicht ausreichend ist. Im Hausgartenbereich sollten nur schonende Bodenbearbeitungsmaßnahmen durchgeführt werden. Lediglich bei der Erstbehandlung eines „schlechten Bodens" kann es nötig sein, Sand und Humus zwei Spaten tief bis in tiefere Schichten einzuarbeiten. Auch staunasse Böden müssen eine spezielle Behandlung erfahren und bei Bedarf tief gelockert sowie dräniert werden.

Mulchen

Mulchen ist ein wichtiger Beitrag zur Bodenpflege. Eine Mulchdecke verhindert, dass der Boden austrocknet, hemmt den Wuchs von Wildkräutern und führt dem Boden im Lauf der Verrottung Nährstoffe zu. Mulchen Sie beispielsweise im Herbst freiwerdende Beete, damit bis zum Frühjahr darunter ein garer Boden entsteht. Der Boden ist dann den Winter über auch besser vor Frost geschützt. Eine ideale Alternative zum Umgraben!

Der Boden sollte locker und feucht sein, bevor das Mulchmaterial ausgebracht wird. Entfernen Sie hartnäckige Wildkräuter. Um Fäulnis und Schimmel zu vermeiden, darf das Mulchmaterial nur wenige Zentimeter dick ausgebracht werden.

Zum Mulchen eignen sich fast alle im Garten anfallenden organischen Materialien. Die wichtigsten sind Rindenmulch, halbreifer Kompost, Stroh, Grasschnitt, Herbstlaub oder Blätter gejäteter Wildkräuter und Gemüse.

Hacken und lockern

Die Oberfläche verkrusteter Böden sollte möglichst rasch gelockert werden, da durch die Kruste kein Wasser- und Gasaustausch stattfindet. Hierfür eignet sich am besten eine

Hacke oder ein Sauzahn. Bei großer Hitze und Trockenheit im Sommer wird zudem durch das Auflockern der obersten Bodenschicht die Wasserverdunstung herabgesetzt, da das Wasser nicht mehr über Kapillarröhren bis an die Oberfläche gezogen wird.
Ich empfehle Ihnen auch, die Oberfläche von Pflanzbeeten im Herbst eher glatt zu rechen. Zwischen großen Erdschollen überwintern gerne Larven von Schadinsekten, auch die Eigelege von Schnecken überstehen hier ansonsten den Winter.
Böden, die nicht regelmäßig gepflegt und bearbeitet werden, verlieren unweigerlich ihre Fruchtbarkeit. Ist ein Boden aber erst einmal in einem sehr schlechten Zustand, bedarf es meist großer Anstrengungen, um ihn wieder zu sanieren.
Humusgaben, sanfte Bearbeitung und Fruchtwechsel ersparen Ihnen Arbeit und garantieren die dauerhafte Bewirtschaftung.

Hacken ist die wichtigste Bodenpflegemaßnahme.

Pflanzerden

Seit einigen Jahren wird der Hobbygärtner mit einer beinah unüberschaubaren Menge an Fertigsubstraten überflutet. Blumenerden für Zimmerpflanzen, Substrate für Balkon- und Kübelpflanzen sowie Spezialerden für Rosen, Azaleen, Sträucher und Kräuter finden sich im Angebot der Gartencenter. Und auch Erden, die scheinbar alles können. Nicht nur die Produktvielfalt, sondern auch die großen Preisunterschiede verunsichern den Konsumenten zusätzlich. Eines vorweg: Sonderangebote, bei denen Erde fast verschenkt wird, sind für ein befriedigendes Pflanzenwachstum kaum geeignet. Meine langjährige Praxis hat gezeigt, dass nur erfahrene Hobbygärtner mit solchen Produkten umgehen können.

Was enthalten Fertigerden?

Viele Verkaufserden werden nach wie vor zum größten Teil aus verschiedenen Arten von Torf zusammengemischt und aufgedüngt. Aufgrund der Umweltzerstörungen durch den Torfabbau werden aber bereits Erden mit Torfersatz angeboten, die man den anderen Produkten vorziehen sollte. Weitere Bestandteile von Verkaufserden sind Rindenkompost, diverse andere Kompostarten, Kokosfasern, Ton und Dünger.

Anzucht- und Aussaaterde

Eine Erde, die Sie ausschließlich nach ihrer Bestimmung verwenden sollten, ist die Aussaat- und Anzuchterde. Da Samen und Keimlinge besonders salzempfindlich sind, enthält diese keine Düngerzusätze. Zusatzstoffe wie Sand und Perlite garantieren eine gute Wasserführung, damit es zu keiner Verschlämmung kommt. Sparen Sie nicht bei dieser Erde! Hochpreisigere Produkte sind garantiert keimfrei, alle Unkrautsamen und Krankheitskeime wurden durch Erhitzung abgetötet. Diese Erde eignet sich unter Umständen auch für verschiedene Kräuter, da diese wenig Nährstoffe benötigen und eher trockenen und durchlässigen Boden bevorzugen.

Spezialerden

Ein weiteres Spezialsubstrat ist Rhododendronerde. Durch den niedrigen pH-Wert ist sie für die meisten anderen Pflanzen ungeeignet. Ferner ist sie nur schwach gedüngt und besteht hauptsächlich aus schwach bis mittelstark zersetztem Torf. Diese Erde eignet sich besonders für alle Azaleen, Rhododendren oder Heidelbeeren und dient zudem als Beimischung für Hortensien und als Substrat für alle Moorbeetpflanzen.

Bei der Rhododendronerde gibt es zu den Torfbestandteilen keine Alternative, da der natürliche Lebensraum von Rhododendren und Azaleen Moorgebiete sind.

Auch für Rosenpflanzungen wird ein spezielles Substrat angeboten. Dies ist aber meistens nur zur Bodenverbesserung nötig und kann dann mit dem Aushub vermischt werden.

Fein gesiebte Erde bedeckt die Samen.

Käfers Gartentipp

Mischen Sie eigene Anzuchterde nur, wenn Sie diese ausreichend sterilisieren können. Sämlinge und Jungpflanzen sind sehr empfindlich gegen Wurzelkrankheiten.

In den meisten Fällen ist es nicht notwendig, Rosen in Spezialsubstrate zu pflanzen. Für Kübelrosen können Sie Rosenerde unvermischt verwenden.
Auch Erden für andere Sträucher, Stauden und Koniferen dienen mehr der Bodenverbesserung. Kompost aus eigener Herstellung erfüllt meist denselben Zweck.

Erde für Balkonpflanzen

Die größte Auswahl an Fertigerden findet sich im Bereich der Balkon- und Kübelpflanzen. In diesem Segment sind auch die Preis- und Qualitätsunterschiede am größten. Hochwertige Produkte sind mit Dauerdünger ausreichend vorgedüngt und erleichtern durch ihre gute Struktur und hohe Wasserspeicherfähigkeit das Gießen. Doch auch vorgedüngte Erde muss im Laufe der Zeit mit Flüssigdünger nachgedüngt werden, da es sonst besonders bei den raschwüchsigen Sommerpflanzen zu Mangelerscheinungen kommt.
Gute Balkonblumenerde zeichnet sich durch einen hohen Tonanteil aus. Die Beimischung von Ton erhöht die Wasserspeicherkapazität. Vor allem aber wird die Wiederbenetzbarkeit des Substrates nach dem Austrocknen stark erleichtert. Durch die Beigabe von Tonmineralien verteuert sich das Produkt allerdings.

Die Papiertüte hilft bei der gleichmäßigen Aussaat.

Somit lässt sich schon am Preis erkennen, ob eine Erde hoch- oder minderwertig ist.
Sie können übrigens sehr leicht herausfinden, welche Erde Ihnen am besten zusagt. Verwenden Sie einfach für jeden Balkonkasten eine andere Mischung und vergleichen Sie die Ergebnisse am Ende der Saison. Voraussetzung ist natürlich, dass alle Kästen die gleichen Standortbedingungen haben und gleich behandelt werden. Nur so werden die Ergebnisse vergleichbar.

Gehölze schneiden

Der Schnitt von Bäumen und Sträuchern gehört sicherlich mit zu den wichtigsten Arbeiten im Garten, zählt gleichzeitig aber auch zu den am wenigsten geliebten Gartenarbeiten. Der Grund ist hauptsächlich die Angst, etwas falsch zu machen.

Vermutlich werden Sie nach der Lektüre dieses Kapitel nicht gleich ihre Leidenschaft für das Schneiden Ihrer Bäume und Sträucher entdecken, aber eines ist gewiss: Sie werden keine Angst mehr haben, beim Schnitt Fehler zu begehen.

Arbeit vermeiden

Hecken und Staudenbeete: die ideale Kombination.

Allzu oft hört man die Klagen mancher Gartenbesitzer, dass sie mit dem Schnitt ihrer Bäume und Sträucher überfordert seien. Warum ist das so? Dafür gibt es sicherlich mehrere Gründe. Die ersten Fehler werden oft schon beim Pflanzenkauf gemacht. Schlechte oder mangelnde Beratung führt dazu, dass zu viele stark wachsende Sträucher zu eng gepflanzt werden. Informieren Sie sich daher schon beim Kauf genau über die Wüchsigkeit! Das erspart später viel Ärger und auch Arbeit.
Und leider gibt es auch keine Gehölze, die in Rekordzeit die gewünschte Größe erreichen und dann aufhören zu wachsen. Informieren Sie sich also auch über die Endgröße der Bäume und Sträucher, die Sie zu pflanzen beabsichtigen. Die gängigsten Blütensträucher wie Flieder, Weigelie, Forsythie, Schneebeere usw. werden 2-3 m hoch und müssen mit ausreichend Abstand gepflanzt werden. Es ergibt keinen Sinn, diese Sträucher alle Jahre zurückzuschneiden, damit sie nicht zu groß werden. Ganz im Gegenteil: Die genannten Ziersträucher blühen und wachsen am schönsten, wenn sie nur selten geschnitten werden.

Kleine Bäume für kleine Gärten

Eine gute Lösung auch für kleine Gärten sind Züchtungen, die maximal 1-1,5 m groß werden. Von vielen Sträuchern sind solche Zwergformen erhältlich.
Doch Vorsicht! Bei kleinen Pflanzen muss es sich nicht unbedingt um schwach wachsende Sorten handeln. Den Unterschied erkennen Sie meistens am Preis. Da Zwergformen sehr langsam wachsen, sind sie berechtigterweise auch etwas teurer als ihre stark wachsenden Verwandten.
Baumschulen bieten nicht nur klein bleibende Sträuchern an, auch schwachwüchsige Bäume sind in großer Sortenvielfalt erhältlich. Kugelahorn, Kugelakazie, Hängeulme, viele Zierkirschen, Kugel- oder Hängegingko sind nur einige Beispiele. Der Trick bei diesen Bäumen ist, dass Kugel- oder Hängeformen auf Hoch- oder Halbstämmen veredelt werden. Aus dem Grund ändert sich die Stammhöhe nicht mehr, lediglich die Krone wird noch größer und der Stamm nimmt an Umfang zu. Solche Baumformen können Sie bedenkenlos auch in sehr kleinen Gärten pflanzen. Ein weiterer Vorteil: Sie müssen nur wenig geschnitten werden.

Käfers Gartentipp

Sollte die Krone von Kugel- oder Hängeformen im Laufe der Jahre etwas verkahlen, können Sie diese im zeitigen Frühjahr bis auf 25 cm zurückschneiden.

Zwergkoniferen

Auch von den gängigsten Nadelgehölzen gibt es zahlreiche schwachwüchsige Züchtungen, die zudem sehr dekorativ sind. Im Gegensatz zu den Laubgehölzen ist bei diesen kein Rückschnitt notwendig und auch nicht möglich, da der Pflanze sonst ein bleibender Schaden zugefügt würde.
Sie sehen also: Alleine durch richtige Planung und durchdachte Pflanzenwahl können Sie sich das Schneiden fast ersparen.

Warum schneiden?

Welche Auswirkungen haben eigentlich Schnittmaßnahmen bei Gehölzen? Nur mit der Kenntnis der Zusammenhänge werden Sie in der Lage sein, einen Baum richtig beurteilen und schneiden zu können. Als Faustregel gilt hierbei: Je stärker Sie zurückschneiden, umso stärker wird der Neuaustrieb sein. Es ist ein weit verbreiteter Irrtum, dass man nach einem starken Rückschnitt einige Jahre Ruhe hat. Was aber ist der Grund?
Die Wurzeln eines großen Baumes sind darauf eingestellt, eine große Krone mit Wasser und Nährstoffen zu versorgen. Dabei stehen Wurzel und Krone in einem ausgewogenen Verhältnis, je größer die Krone, umso mehr Wurzelmasse, um diese zu versorgen. Wird die Krone stark zurückgeschnitten, schickt die Wurzel „überschüssige" Energie in den Stamm und die verbliebenen Äste, mit der Folge, dass sogenannten schlafenden Augen und sehr stark wachsende Triebe austreiben.
Bei einem schwachen Schnitt wird dagegen das Größenverhältnis von Wurzeln und Krone nur wenig verändert, der Neuaustrieb fällt entsprechend schwächer aus.

Hochstämme haben Platz im kleinsten Garten.

Das Wachstum bremsen

Wenn Sie das Wachstum von Gehölzen bremsen wollen, sollten Sie viele kleine Äste und Zweige stehen lassen. Am dünnen Holz treibt der Baum schwächer aus als an dicken Ästen. Eine weitere Maßnahme ist, Hand in Hand mit dem normalen Rückschnitt die Wurzeln zu beschneiden. Dazu stechen Sie mit einem Spaten entlang der Kronentraufe, das ist der auf die Erde projizierte äußere Rand der Krone, in den Boden.

Starker Rückschnitt

Ein radikaler Rückschnitt ist bisweilen unvermeidbar, besonders wenn ein Baum viel zu groß geworden ist. Der richtige Zeitpunkt für eine solche Maßnahme ist Anfang bis Mitte März. Wenn Sie zu früh schneiden, können Frostrisse und Frostplatten am Stamm zu Schäden führen.

Schneiden Sie grundsätzlich nicht bei Frost, da das Holz sonst sehr leicht splittert und während des Schneidens unbeabsichtigt ganze Äste abbrechen können. Im Zweifelsfall fragen Sie einen Experten oder wenden Sie sich an einen Gartenbaubetrieb.

Nach dem Schnitt

Nach einem starken Rückschnitt muss die Krone neu erzogen werden. Behalten Sie den Baum in den Folgejahren unbedingt im Auge und schneiden Sie nach bzw. korrigieren Sie. Triebe, die nach dem Schneiden wachsen, müssen vereinzelt und eingekürzt werden. Diese kleinen Eingriffe können Sie auch noch Anfang April tätigen. Da der Baum seine Triebkraft mit dem fortschreitenden Frühjahr in die äußeren Teile der Krone verlegt, nehmen Sie ihm mit einem späten Schnitt sehr viel Kraft und er treibt nicht so stark aus.

Anders verhält es sich mit Nadelgehölzen. Bei zu groß gewordenen Exemplaren ist kein sinnvoller Rückschnitt möglich. In solchen Fällen müssen Sie sich wohl oder übel zum Entfernen des Baumes durchringen.

Wundverschluss

Zum Thema Wundverschluss gehen die Meinungen der Experten auseinander. Während die einen auf ihn schwören, meinen die anderen, dass er entbehrlich sei. Es empfiehlt sich, wenn Baumwachs oder ein anderer Wundverschluss zur Hand ist, diesen auch zu verwenden.

Der Schnitt blühender Sträucher

Blühende Sträucher die so gepflanzt wurden, dass sie ausreichend Raum haben, müssen erst geschnitten werden, wenn dieser nicht mehr ausreicht und der Wuchs in Grenzen gehalten werden soll. Wann und wie gut der Strauch wieder blüht, hängt vom Schnittzeitpunkt ab, und dieser richtet sich danach, ob der Strauch am ein- oder mehrjährigen Holz blüht. Sträucher, die am mehrjährigen Holz blühen, setzen bereits im Herbst Blütenknospen an. Jeder Herbstschnitt hätte zur Folge, dass die Blüte im folgenden Frühjahr stark beeinträchtigt wäre.

Schneiden Sie diese Frühlingsblüher unmittelbar nach der Blüte zurück. Speziell beim Flieder, aber auch beim Blumenhartriegel und den Schneeballarten, werden dabei nur die älteren Triebe entfernt, während bei allen anderen die abgeblühten Zweige unmittelbar nach der Blütezeit herausgeschnitten werden können. Dabei besteht jedoch die Gefahr, dass die Sträucher einen etwas besenartigen Wuchs bekommen, darum sollten Sie einige abgeblühte Zweige stehen lassen. Auch die Blühwilligkeit japanischer Zierkirschen und Mandelbäumchen lässt sich erhöhen, indem Sie abgeblühte Zweige entfernen.
Sträucher, die ihre Blüten am jungen, diesjährigen Holz anlegen, werden in ihrer Ruheperiode vor dem Austrieb geschnitten. Die richtige Zeit hierzu ist vom Winter bis zum zeitigen Frühjahr. Sommerflieder sowie alle Rosen sind die bekanntesten Vertreter dieser Pflanzengruppe. Je früher diese Sträucher austreiben, umso eher werden sie geschnitten. Andere Schnittmaßnahmen wie der alle 6-7 Jahre fällige Auslichtungsschnitt oder der Verjüngungsschnitt, bei dem zu große oder blühfaule Sträucher radikal zurückgeschnitten werden, führt man ohne Rücksicht auf die Blüte im Herbst durch.

Blühende Sträucher

An ein- und mehrjährigem Holz blühen:
die meisten Frühjahrsblüher wie Flieder, Forsythie, Blutjohannisbeere, Weigelie oder Pfeifenstrauch

An diesjährigem Holz blühen:
Spierstrauch (sommerblühend), Sommerflieder, Johanniskraut, Ranunkelstrauch, Perückenstrauch, Bartblume, Säckelbume, Hibiscus, Rispenhortensie und Rosen

Hortensien und Rhododendren

Rhododendren und Azaleen dürfen nicht geschnitten werden, da sie sehr empfindlich reagieren. Bevor sie jedoch überalterte und verkahlte Rhododendren ausreißen, können Sie auch einen Rückschnitt riskieren. Schneiden Sie den Strauch auf ca. 50 cm zurück, mit ein bisschen Glück treibt er wieder neu aus.
Auch der Rückschnitt von Hortensien bereitet oft Probleme. Die Bauern- oder Ballenhortensie darf auf gar keinen Fall geschnitten werden. Lediglich die abgeblühten Blütenstände werden im Frühling bis auf das nächste kräftige Knospenpaar zurückgeschnitten. Erfrorene Triebe können Sie bis ins gesunde Holz zurückschneiden.

Der Pflanzschnitt

Beim Pflanzschnitt werden vor dem Verpflanzen wurzelnackter Gehölze Äste und Zweige bis zu einem Drittel eingekürzt. Ziel ist es, ein Gleichgewicht zwischen Wurzeln und Krone herzustellen. Bei Containerware ist der Pflanzschnitt überflüssig. Sinnvoll dagegen ist er, wenn Sie einen Baum oder Strauch verpflanzen wollen, der über viele Jahre an einem Platz gestanden ist. Hier sollte nach dem Ausgraben das richtige Verhältnis zwischen Wurzelballen und Krone hergestellt werden.

Formschnitt

Eine Sonderform des Gehölzschnitts ist der Formschnitt. Spätestens seit Buchsbaum & Co. in unseren Gärten eine wahre Renaissance erleben, werden in Form geschnittene Hecken oder Gehölze immer beliebter. Um diese richtig in Form zu halten, sollten Sie mindestens einmal, besser zweimal im Jahr schneiden. Im Grunde genommen können Sie während der gesamten Vegetationsperiode schneiden, außer unmittelbar während des Austriebs. Achten sie bitte auch darauf, dass ihr Schneidewerkzeug gut geschärft ist.
Wenn Sie sich nicht auf Ihr Augenmaß verlassen möchten, dann bauen sie eine Schablone aus Draht.

Weitere Schnittformen

Beim Erziehungsschnitt werden im Jugendstadium einer Pflanze alle Maßnahmen ergriffen, das Gehölz in eine bestimmte Form zu bringen, z.B. der Aufbau einer Krone bei Obstgehölzen.
Der Verjüngungsschnitt dient der Regeneration älterer oder blühfaul gewordener Gehölze. Manche Gewächse vertragen einen radikalen Rückschnitt gut, andere reagieren darauf empfindlicher. In der Regel werden alte, schwache, kranke und unerwünschte Triebe knapp über dem Boden geschnitten.
Gehölze, deren Größe und Form beibehalten werden soll, benötigen einen jährlichen Schnitt. Der Erhaltungsschnitt fördert die Vitalität und Blühfreudigkeit der Bäume und Sträucher. Wird dieser für einige Zeit nicht durchgeführt, ist nach zwei bis drei Jahren ein Verjüngungsschnitt notwendig.

Hecken

Nicht nur Sträucher, auch Bäume lassen sich als Heckengehölz pflanzen. Feldahorn, Hainbuchen, Rot- und Blutbuchen, selbst Pappeln können Sie zu einer Hecke formen. Voraussetzung ist allerdings ein regelmäßiger Schnitt, durch den sie eine dichte Hecke bilden.

Neben Heckenpflanzungen mit Laubgehölzen erfreuen sich vor allem Koniferenhecken großer Beliebtheit, auch wenn sie etwas in Verruf geraten sind, nicht naturnah zu sein. Dies gilt besonders für Thujenhecken.

Nadelgehölze haben den Vorteil, dass sie auch im Winter einen guten Sichtschutz bieten und Vögeln als willkommener Unterschlupf dienen. Als grüner Schutzwall gegen Schmutz und Staub stellen sie in der kalten Jahreszeit eine gute Alternative zu Laubhecken dar.

Hecken schneiden und erziehen

Um dicht zu werden, müssen Hecken von klein auf geschnitten werden. Ein häufig gemachter Fehler ist, die Heckenpflanzen zunächst einige Jahre wachsen zu lassen, bevor man sie schneidet. Stutzen Sie vom ersten Standjahr an alle Sträucher der jungen Hecke auf gleiche Höhe, sie verzweigen sich dann besser und werden vor allem in den tieferen Bereichen viel dichter.

Besonders Koniferen müssen von klein auf richtig erzogen werden. Während Laubgehölze nach einem starken Rückschnitt wieder kräftig wachsen, können Nadelgehölze nicht aus altem Holz austreiben und verkahlen, wenn Sie nicht regelmäßig die grünen Pflanzenteile entfernen. Die einzige Ausnahme ist die Eibe, die neue Triebe bilden kann.

Der Schnitt von Hecken ist nur eine Frage des richtigen Werkzeugs.

Zur Erhaltung der Form einer Nadelholzhecke müssen Sie daher einmal im Jahr schneiden. Der einzig richtige Termin ist der Zeitraum nach dem Ausreifen der Triebe, also zwischen Ende Juli und Mitte September. Schneiden Sie außerhalb dieser Zeit, verfärben sich die Schnittflächen braun, und der Wuchs im nächsten Frühjahr ist gehemmt.
Wenn Sie nur den Jahresaustrieb entfernen, bleibt die Hecke grün und wird trotzdem nicht mehr größer.
Ziel des Heckenschnitts ist es auch, ideale Bedingungen zu schaffen, damit alle Teile der Hecke gleichmäßig Licht erhalten. Dies erreichen Sie durch einen konischen Schnitt, idealerweise ist die Hecke oben nur halb so breit wie am Fuß.

Schnittfehler vermeiden

Ein bisschen Übung gehört zum Schneiden einer Hecke dazu, damit es auch ordentlich aussieht. Wenn Sie unsicher sind, spannen Sie entlang der gewünschten Oberkante der Hecke eine Schnur, an der Sie sich beim Schnitt orientieren können.
Bei Nadelgehölzen dauert es sehr lange, bis sich Schnittfehler, wenn überhaupt, wieder auswachsen. Laubgehölze sind dagegen weniger nachtragend, was ihre Pflege etwas einfacher, jedoch nicht weniger arbeitsintensiv macht. Ganz im Gegenteil! Wüchsige Gehölze wie Liguster, Hainbuchen sowie sämtliche Buchen und Ahornarten müssen zweimal im Jahr geschnitten werden. Der erste Schnitt erfolgt bald nach dem Austrieb, der zweite im Spätsommer. Auch hier achten Sie bei Blütensträuchern darauf, ob diese am ein- oder am mehrjährigen Holz Blüten ansetzen.

Goldene Schnittregeln

- Verwenden Sie nur qualitativ hochwertige und scharfe Werkzeuge, um ein Abquetschen der Triebe zu verhindern.
- Geschnitten wird nur an frostfreien Tagen mit einer Temperatur von mindestens 4 °C.
- Stellen Sie sich vor Beginn vor, welche Form das Gehölz in Zukunft haben soll und schneiden Sie entsprechend. Ziel ist die Erhaltung der natürlichen Wuchsform sowie die Förderung von Blüten- und Fruchtbildung.
- Entfernen Sie nach innen wachsende Triebe und solche, die andere beschatten.
- Lange, dicke Äste werden immer zuerst von der Unterseite angesägt, damit die Rinde nicht aufreißt, wenn der Ast nach unten wegbricht.
- Schneiden Sie bei wechselständigen Knospen immer schräg oberhalb eines gesunden Auges, das in die gewünschte Richtung weist.
- Bei gegenständigen Knospen wird der Schnitt rechtwinkelig zum Trieb etwa 5 mm über dem Knospenpaar durchgeführt.
- Durch das Entfernen von Endknospen regen Sie die Bildung von Nebentrieben an.
- Je stärker zurückgeschnitten wird, umso kräftiger ist der Neuaustrieb.

Rosen, Stauden, Gräser

Pflanzen sind natürlich die Hauptdarsteller im Garten. Sie prägen seinen Charakter und erfreuen uns mit ihren Blüten und Blättern. Wenn Sie alle Möglichkeiten zur Bepflanzung geschickt nutzen, kann selbst der kleinste Garten zu einem Blütenparadies werden. Und das ist keine Zauberei! Berücksichtigen Sie die in Ihrem Garten herrschenden klimatischen Bedingungen und erfüllen Sie die Ansprüche der Pflanzen in Bezug auf Standort und Pflege. Denn nur eine gesunde Pflanze am richtigen Platz sieht schön aus und blüht üppig. Bei richtiger Bodenvorbereitung, zügigem Wachstum und kräftigen, gesunden Pflanzen haben auch Krankheiten und Schädlinge weniger Chancen. Was zu beachten ist, erfahren Sie in diesem Kapitel.

Ihre Majestät, die Rose

Schon die alten Ägypter haben sie geschätzt: Bereits vor über 4000 Jahren wurden am Hof der ägyptischen Königin Hatschepsut nachweislich Rosen gezüchtet. Und im Reich der Mitte blühte die Kunst der Rosenzucht in höchster Perfektion. Heutzutage gibt es weltweit so viele Rosenzüchtungen, dass selbst Experten den Überblick verlieren. Doch nur relativ wenige Arten haben sich unseren Breiten bewährt.

Einst als Königin der Blumen gefeiert, wurde die Rose leider zum billigen Massenartikel degradiert, der in Supermärkten feilgeboten wird. Aber die Königin hat ihren Stolz und lässt sich nicht alles gefallen. Sie verweigert nach so manch schlechter Behandlung konsequent jegliches Wachstum und lässt den Blumenfreund schier verzweifeln. Dabei ist es so einfach, Rosen im Garten zu kultivieren und sie dazu zu bringen, ihre volle Schönheit zu entfalten. Alles was Majestät benötigen, ist etwas Aufmerksamkeit.

Rosen dürfen in keinem Garten fehlen.

Augen auf beim Rosenkauf

Achten Sie beim Rosenkauf unbedingt auf gute Qualität – diese ist ausschlaggebend für den späteren Erfolg Ihrer gärtnerischen Bemühungen.

Die Triebe wurzelnackter Rosen dürfen auf keinen Fall belaubt sein, auch die Augen (Knospen am Holz) sollten noch nicht angetrieben haben. Die Rinde muss sich glatt und fest anfühlen.

Containerrosen kauft man meist belaubt und vereinzelt auch schon in der Blüte. Achten sie beim Kauf auch darauf, dass die Stöcke mindestens zwei bis drei kräftige Triebe haben, die mit der Unterlage gut verwachsen sind. Das Laub muss gesund sein, frei von Blattflecken, Mehltau oder sonstigen Krankheiten und Schädlingen. Um sicherzugehen, dass die Rose im Container gut bewurzelt ist, müssen Sie den Topf vom Ballen herunterziehen. Dabei können Sie sich aber schnell den Unmut eines Verkäufers zuziehen.

Containerrosen und wurzelnackte Rosen

Rosen kommen in zwei Varianten in den Handel – wurzelnackt und als Containerpflanzen. Wurzelnackte Pflanzen sind preisgünstiger und besser zu handhaben. Sie eignen sich besonders zur großflächigen Bepflanzung, müssen aber nach dem Einpflanzen ein wenig mehr betreut werden als Containerware.

Käfers Gartentipp

Oft sind Rosentriebe mit Wachs umhüllt, um ein Austrocknen zu verhindern. Ein Entfernen der Wachsschicht ist nicht notwendig und auch nicht empfehlenswert.

Wurzelnackte Rosen werden ausschließlich in den Monaten Oktober, November, März und April gepflanzt.
Containerware können Sie beinahe ganzjährig pflanzen. Da die Wurzeln im Erdballen stecken, wirken sich Fehler beim Setzen nicht so stark aus. Rosen im Container müssen vor dem Verpflanzen auch nicht zurückgeschnitten werden, doch leider sind sie fast um das doppelte teurer als wurzelnackte Rosen. Trotzdem sollten besonders Rosenneulinge es einmal mit Containerrosen versuchen. Gerade die ersten Erfahrungen mit diesen wunderbaren Gehölzen sollten unbedingt positiv sein.

Wurzelnackte Rosen werden zurückgeschnitten.

Der richtige Platz

Rosen benötigen im Allgemeinen einen vollsonnigen Platz, um zu voller Blüte zu kommen.
Manche Sorten eignen sich auch für den lichten Schatten – lassen Sie sich in diesem Punkt aber vom Fachmann beraten.
Sonne ist gut, stauende Hitze sollte tunlichst vermieden werden. Wichtig ist eine gute Luftzirkulation, nur so können Blüten und Blätter nach einem Regen oder Morgentau gut abtrocknen, was die Gefahr von Pilzinfektionen deutlich verringert.
Das Beste, was Sie ihren Rosen mit auf den Weg geben können, ist ein gut vorbereiteter, tiefgründiger Boden. Der ideale Boden ist locker, durchlässig und humos. Besonders vorteilhaft ist sandig-lehmiger Boden. Einige Rosen wie Apfelrose *(Rosa rugosa)* oder Hundsrose *(Rosa cannina)* vertragen aber auch durchaus einen etwas schwereren, stärker tonhaltigen Boden.
Ein wichtiges Kriterium ist der pH-Wert. Für Rosen liegt der optimale Wert liegt bei ca. 6,5 – das heißt, leicht im sauren Bereich. Ist der Boden zu sauer, können Sie mit einer Kalkgabe den Missstand beseitigen, ist der Boden zu kalkhaltig (pH-Wert über 7) können Sie zur Neutralisierung kohlensaures Ammoniak oder Kompost einarbeiten. Gut abgelagerter Stalldung eignet sich ebenfalls.
Da Rosen Tiefwurzler sind, die bis zu 6 m tief wurzeln können, muss der Boden mindestens zwei Spaten tief durchlässig sein. Stauende

Nässe ist, wie für die meisten Gartenpflanzen, Gift für Rosen. Ihre Wurzeln sind sehr empfindlich gegen Wasser und beginnen schnell zu faulen.
Das Geheimnis für gesundes Rosenwachstum ist ein so tief wie möglich gelockerter, mit reichlich Kompost versehener und durchlässiger Boden. Dazu ein sonniger Standort, an dem ein laues Lüftchen wehen darf, und der Blütenpracht steht nichts im Wege.

Verschiedene Rosentypen

- Beetrosen: ca. 50-70 cm hoch, mehrblütig, gut verzweigt, einfach oder gefüllt blühend
- Strauchrosen: bis 2,50 m hoch, aufrecht wachsend, kräftige, holzige Triebe, einfach oder gefüllt blühend, meist mehrblütig
- Kletterrosen: haben weiche Triebe und werden bis über 3 m hoch, Kletterrosen benötigen eine Stütze
- Bodendeckerrosen: im Wuchs immer breiter als hoch, kleinblütig, sehr viele Blüten 20-40 cm hoch
- Edelrosen: 80-150 cm hoch, aufrecht wachsend, nicht besonders verzweigt, eine Blüte pro Trieb – diese ist dafür besonders schön ausgebildet
- Zwergrosen: 20-40 cm hoch, verzweigen sich sehr gut, sehr reichblühend

Rosenmüde Böden

Das Phänomen der Bodenmüdigkeit kennt man nur von Rosengewächsen. Das Problem tritt auf, wenn an die Stelle einer alten eine neue Rose gepflanzt werden soll. Während die alten Rosen an ihrem angestammten Platz weiter gewachsen wären, gedeihen die neu gepflanzten am selben Standort nur sehr kümmerlich. Um dies zu verhindern, muss der Boden weiträumig entfernt und bis in 50 cm Tiefe ausgetauscht werden. Dabei werden alle Wurzelstücke der Vorgängerrose sorgfältig abgesammelt.
Ist das nicht möglich, sollten Sie mit der Neupflanzung etwa zwölf Monate warten. In der Zwischenzeit können Sie beispielsweise *Tagetes erecta* pflanzen, die nach dem Verblühen in den Boden eingearbeitet wird. Sie können den Boden außerdem mit ca. 50 l abgelagertem Kuhmist pro m^2 aufbessern.

Rosen einpflanzen

Steht der Standort fest und ist der Boden gut vorbereitet, können Sie mit dem Einpflanzen der Rosen beginnen. Festes Schuhwerk, ein ordentlicher Spaten und ein hochmotivierter Hobbygärtner sind neben gesunden Pflanzen die richtigen Zutaten für ein blühendes Rosenbeet.
Wurzelnackte Rosen müssen nach dem Kauf gleich ausgepackt und so ins Wasser gelegt werden, dass die Wurzeln komplett untergetaucht sind. Sie können sich nun vollsaugen, eine wichtige Voraussetzung für zügiges Wachstum.
Die Pflanzgrube soll so tief sein, dass die Wurzeln nicht abgeknickt werden und die Veredelungsstelle ca. 5 cm unter der Erdoberfläche zu liegen kommt. Sie können das Aushubmaterial mit reifem Kompost oder verrottetem

Die Rose 'The Fairy' in Kombination mit Lavendel.

Rinderdung mischen und ein wenig davon zurück in die Pflanzmulde geben, bevor Sie den Rosenstock einsetzen.
Vor der Pflanzung im Herbst müssen die Wurzeln wurzelnackter Rosen ein wenig zurückgeschnitten werden, bei Containerrosen ist dies überflüssig.
Schneiden Sie die Wurzeln mit einer scharfen Schere auf eine Länge von etwa 25-30 cm und entfernen Sie beschädigte und abgeknickte Wurzeln. Bei der Frühjahrspflanzung werden zusätzlich die Triebe bis auf 15-20 cm oberhalb der Veredelungsstelle eingekürzt. Der Schnitt sollte direkt über einem gesunden Auge erfolgen.
Halten Sie nun mit einer Hand die Rose in die Grube, während Sie mit der anderen Erde ins Pflanzloch geben. Nach dem Einpflanzen darf die Erde nur leicht angedrückt werden und wird sofort mit einer halben Gießkanne Wasser angegossen.
Sobald die Erde sich abgesetzt hat, füllen Sie nochmals auf, sodass die Veredelungsstelle im empfohlenen Bereich unterhalb der Oberfläche zu liegen kommt.
Nach dieser Behandlung dürfen Sie mit dem Wasser nur noch sehr sparsam umgehen. Wie Sie sicher schon festgestellt haben, bin ich kein großer Freund von dauerndem Gießen. Bei mäßigen Wassergaben schickt die Pflanze sofort Wurzeln aus, um Wasser und Nahrung zu suchen. Dabei verankert sie sich zügig im Mutterboden, wo sie beides findet.

Rosen schneiden

Rosen bedürfen der Pflege. Je nach Gruppenzugehörigkeit müssen sie vor allen Dingen fachgerecht zurückgeschnitten werden. Der beste Schnittzeitpunkt ist das Frühjahr, im Herbst darf man nur Verblühtes entfernen und eventuell auftretende Wassertriebe bis zur Basis zurückschneiden.
Beim Frühjahrsschnitt werden im einfachsten Fall erfrorene und kranke Triebe bis ins gesunde Holz geschnitten. Die kräftigen Triebe von Beetrosen schneiden Sie auf drei bis vier Augen zurück, die in die gewünschte Wuchsrichtung zeigen. Warten Sie mit dem Schnitt, bis die Augen zu schwellen beginnen und gut sichtbar sind. Edelrosen schneidet man auf fünf Augen zurück.
Lediglich Bodendeckerrosen müssen nicht jährlich geschnitten werden. Hier genügt ein Verjüngungsschnitt. Dabei schneiden Sie die Pflanzen alle zwei bis drei Jahre mehr oder weniger stark zurück und entfernen verkahlte Äste. Die Pflanze wird so zu einem kräftigen Austrieb angeregt.
Wenn Sie dauerblühende Bodendeckerrosen nach dem ersten Blütenflor zurückschneiden, bringen sie rasch wieder neue Blüten hervor und werden sehr dicht. Abgeblühte Blüten können auf diese Art rasch entfernt werden, auch wenn dabei ein paar Knospen mit abgeschnitten werden.

Bei Kletter- und Strauchrosen entfernen Sie nur einzelne sehr alte, starke oder besonders schwache Triebe. Generell können Sie überalterte Rosen kräftig zurückschneiden. Sie bilden danach rasch wieder frische und sehr blühwillige Triebe.

Käfers Gartentipp

Schneiden Sie die Triebe 5 mm über einem Auge gerade ab. Ein gerader Schnitt verursacht die kleinstmögliche Verletzung. Quer von oben nach unten gezogene Schnitte bieten eine wesentliche größere Angriffsfläche für Krankheitserreger.

Rosen düngen

Durch häufigen Rückschnitt und das dadurch bedingte starke Wachstum müssen Rosen gut mit Nährstoffen versorgt werden.
Beginnen Sie mit der Düngung im Frühling nach dem Abhäufeln. Empfehlenswert sind organische Dünger wie trockener Stalldung, Hornspäne oder Kompost. Wer einen schnellen Effekt erzielen möchte, greift am besten auf leicht wasserlösliche Mineraldünger wie Blaukorn zurück. Hier gilt: Ein Esslöffel Dünger pro Rosenstock gleichmäßig an der Oberfläche verteilt genügt.
Wesentlich besser als schnell wirkende Mineraldünger sind jedoch organische Langzeitdünger, die je nach Temperatur mehr oder weniger viele Nährstoffe an das Substrat abgeben. Spezielle Langzeitdünger für Rosen sind im Fachhandel erhältlich. Die letzte Rosendüngung sollte spätestens Anfang August stattfinden. Verwenden Sie dazu Dünger mit einem höheren Kaliumgehalt, der das Holz der Rosen besser ausreifen lässt und die Pflanze im Winter widerstandsfähiger macht.

Reifer Kompost ist der beste Dünger.

Pflanzen stärken mit Ackerschachtelhalmbrühe

Zur Stärkung Ihrer Rosen können Sie diese im Abstand von zwei Wochen mit einer Ackerschachtelhalmbrühe besprühen. Diese enthält viele Spurenelemente, Mineralstoffe und vor allem Kieselsäure. Diese Inhaltsstoffe stärken die Pflanzen von innen und machen sie widerstandsfähiger gegen Pilzerkrankungen. Dazu werden 100 g frische Pflanzen ohne Wurzeln grob gehackt und ca. 24 Stunden in einem Liter Wasser eingeweicht. Danach aufkochen und etwa eine halbe Stunde sieden lassen. Nach dem Kochen auskühlen lassen, abseihen und mit Wasser im Verhältnis 1:4 verdünnen. Diese Brühe können Sie für alle Gartenpflanzen verwenden.

Meine Lieblingsrosen

Name	Blütezeit/-farbe	Pflege und Schnitt	Besonderes
'Augusta Luise'	dauerblühend, pfirsichfarben	dicht gefüllte, große Einzelblüten, widerstandsfähig, im Frühling auf fünf Augen schneiden	Englische Nostalgierose, benötigt leichte Standhilfe
'Friesia'	Blüte gelb, dauerblühend	Rückschnitt auf drei Augen im Frühjahr	hält die Farbe sehr intensiv, stark duftend, Beetrose ca. 40 cm
'Heidetraum'	karminrosa Blüten, sehr reichblühend, bis 25 Blüten pro Dolde	widerstandsfähig gegen Blattkrankheiten, im Herbst verblühte Blütenstände entfernen	Zwergstrauchrose bis 70 cm hoch, stark überhängend für flächige Bepflanzungen
'Mozart'	karminrosa mit weißer Mitte, einfach bühend, viele kleine Einzelblüten auf einer Dolde	sehr widerstandsfähig gegen Blattkrankheiten, Einkürzen abgeblühter Trieben erhöht die Blühwilligkeit	sehr robuste Kleinstrauchrose, eignet sich für pflegeleichte Flächenbepflanzungen
'Nina Weibull'	blutrot, gut gefüllt, öfterblühend	sehr frosthart Rückschnitt im Frühling	robuste Beetrose 50-60 cm
'Nostalgie'	zweifarbige Blüte, cremeweiß und rot	Rückschnitt auf fünf Augen im April	schöne Strauchrose mit kräftig aufrechtem Wuchs
'Super Excelsa'	dunkelrosa, stark gefüllte flachrunde Blüten	sehr widerstandsfähig gegen Blattkrankheiten, nur Verjüngungsschnitt	Kletterrose mit biegsamen Trieben, 3 m hoch, Bauernrose, Bodendecker.

Schädlinge und Krankheiten

Während das Zurückschneiden, Gießen und Düngen der Rosen meist nur wenige Probleme bereitet, kann das Auftreten von Krankheiten und Schädlingen zu einer schier unlösbaren Herausforderung werden.

Tierische Schädlinge sind dabei noch das geringere Übel. Blattläuse, Spinnmilben oder Raupen können Sie mit Hausmitteln wie z. B. Schmierseifenlösung einigermaßen einfach bekämpfen. Wesentlich hartnäckiger sind dagegen Pilz- und Bakterieninfektionen.

Bei feuchter Witterung und falschem Standort werden besonders Blattrost und Mehltau zum Problem. Diese Krankheiten können Sie nur mit chemischen Mitteln effizient bekämpfen. Lassen Sie sich aber unbedingt von einem Fachmann beraten, bevor Sie in Ihrem Garten Fungizide sprühen.

Lassen Sie sich aber auf keinen Fall abschrecken. Trotz der Anfälligkeit für Erkrankungen dürfen Rosen in keinem Garten fehlen. Sie gehören zu den wenigen Gehölzen, die den ganzen Sommer über blühen und noch dazu in einer unvergleichlichen Vielfalt. Mit der richtigen Pflege und dem passenden Standort sind Rosen relativ einfach zu kultivieren und bereiten Ihnen über viele Jahre Freude.

Krankheiten vorbeugen

Mit folgenden Maßnahmen können Sie den meisten Rosenkrankheiten vorbeugen:

- Der richtige Standort und der richtige Boden sind Voraussetzung für gesunde, widerstandsfähige Pflanzen.
- Regelmäßiger Rückschnitt und Auslichtungsschnitt fördert die Luftzirkulation im Rosenbeet. Die Pflanzen können so gut abtrocknen, Pilze haben nur noch geringe Chancen.
- Kaufen Sie Rosensorten, die widerstandsfähig gegen Pilzbefall sind.
- Düngen Sie mit organischen Langzeitdüngern.
- Kontrollieren Sie regelmäßig auf Schädlingsbefall und greifen Sie rechtzeitig ein!

Rosen sicher über den Winter bringen

Rosen benötigen, je nach Standort, einen mehr oder weniger starken Winterschutz. Bei Beet- und Edelrosen genügt es, im unteren Bereich einen Schutz anzubringen, der Kälte und Sonnenlicht abschirmt. Da Rosen im Frühling ohnehin zurückgeschnitten werden, erübrigt sich der Schutz höher gelegener Teile. Der ideale Schutz ist das Anhäufeln. Hierfür können Sie lockere Erde oder nicht allzu stark verrotteten Kompost verwenden. Häufeln Sie den Rosenstock ca. 30-40 cm über den Boden an. Seien sie dabei nicht sparsam, denn über den Winter senkt sich die Erde meist um ein Drittel. Das angehäufelte Material wird etwa Anfang bis Mitte April wieder entfernt, dann drohen keine starken Nachtfröste mehr. Entsorgen Sie das Material und arbeiten sie es nicht in den Boden um die Rose ein.

Kletterrosen müssen Sie besser schützen, da diese nicht so stark zurückgeschnitten werden. Ihnen macht vor allem die Wintersonne zu schaffen. Sonnseitig sind oft ganze Triebe geschädigt. Besonders bei Rosenbögen und Pergolen ist dies sehr ärgerlich, da oftmals alle Triebe entfernt werden müssen. Zum Schutz eignet sich ein dickes weißes Vlies (Teichvlies), mit dem Sie besonders exponierte oder empfindliche Rosen einwickeln können. Wer in seinem Garten diese weißen „Monumente" vermeiden will, kann auch Tannen- oder Fichtenäste an den Rosen anbringen um die Sonne abzuschirmen. Eine, wenn auch mühsamere Alternative, wäre es, die Rose vom Klettergerüst zu lösen, auf den Boden zu legen und mit Reisig zu bedecken. Bodendeckerrosen benötigen meist keinen Winterschutz. Sie ersparen sich aber das Zurückschneiden abgefrorener Zweige, wenn Sie sie trotzdem mit Reisig zudecken. Im Allgemeinen schneidet man abgestorbene Triebe bis ins gesunde Holz zurück.

Sommerliche Pracht im Staudenbeet.

Vielseitige Stauden

Stauden erfreuen sich in unseren Gärten immer größerer Beliebtheit. Ob tiefster Schatten oder pralle Sonne, vom Teichrand bis zum Steingarten – kaum ein Platz, für den man keine geeigneten Stauden findet. Ihre unerschöpfliche Vielfalt an Formen und Farben ermöglichen uns erst eine abwechslungsreiche und vielseitige Gartengestaltung.
Botanisch gesehen sind Stauden krautige Pflanzen, deren oberirdische Teile im Herbst einziehen und absterben. Sie treiben im folgenden Frühjahr aus unterirdischen Überdauerungsorganen neu aus. Hollerstaude oder Fliederstaude sind also keine Stauden, diese werden nur im Volksmund so bezeichnet.

Pflegemaßnahmen im Frühjahr

Entfernen Sie im Frühling vor dem Austrieb alle abgestorbenen Pflanzenteile. Diese haben jetzt ihre Funktion als Winterschutz erfüllt. Abgeblühte Blütenstände, sofern sie nicht im Herbst entfernt wurden, können Sie einfach herausziehen.
Meist sind schon kleine frische Triebe sichtbar, die nach Möglichkeit nicht verletzt werden dürfen. Viele Stauden wie Pfingstrose, Herbstanemonen, Funkien oder Storchschnabel treiben im Frühling aus, bilden Blüten und gehen dann in eine Wachstumsphase über, bei manchen folgt die Blüte erst auf die Wachstumsphase.
Polsterstauden ziehen meist nicht ganz ein, trotzdem sollten sie im Frühjahr zurückgeschnitten werden. Ältere Pflanzen verkahlen

sonst von innen heraus und setzen dann nur noch an den Triebspitzen Blüten an, so z. B. Schleifenblume, Steinkraut, Blaukissen oder Gänsekresse. Dem können Sie mit einem kräftigen Rückschnitt leicht entgegenwirken. Polster- bzw. Steingartenstauden benötigen sicherlich am wenigsten Pflege. Ein gut durchlässiger Boden sowie ein warmer, sehr sonniger Standort sind die besten Voraussetzungen für gesundes Wachstum.

Stauden teilen

Der Frühling ist auch die ideale Zeit zur Vermehrung von Stauden. Stechen sie mit einem scharfen Spaten die ganze Pflanze aus und teilen sie den Wurzelstock. Danach können Sie die geteilten Pflanzen wieder am vorgesehenen Standort einsetzen. Die Teilung ist auch eine gute Möglichkeit, zu groß gewordene Pflanzen zu verjüngen und eine Verkahlung zu verhindern.
Auf diese Art können Sie zum Beispiel Sonnenhut, Astilben, hohen Phlox, Astern, Margeriten, Kokardenblume, Taglilien, Gämswurz, Pfingstrosen, Schwertlilien und andere Stauden leicht vermehren.

Die beste Zeit zum Düngen

Das Frühjahr ist die richtige Zeit, um Kompost oder Dünger in frei werdende Flächen einzuarbeiten. Für den Austrieb brauchen die Pflanzen nun viel Kraft, darum müssen sie optimal mit Nährstoffen versorgt werden. Auch wenn alle Stauden an ihrem Standort bleiben, sollten Sie düngen.
Bei Frühjahrsblühern ist eine Düngung nach der Blüte empfehlenswert. Die Pflanze muss

Staudenpflege im Jahreslauf.

Kräfte sammeln, um gut über den Winter zu kommen und im nächsten Jahr wieder üppig zu blühen.
Steingartenstauden haben keinen allzu hohen Nährstoffbedarf, düngen Sie diese auf keinen Fall mit schnell wirkenden Mineraldüngern. Ideal sind Hornspäne und andere organische Düngestoffe.

Käfers Gartentipp

Wenn Sie ihr Staudenbeet umgestalten möchten ist, sollten Sie dies im Frühling in Angriff nehmen. Lichten Sie zu dichten Bewuchs aus oder ersetzen Sie Pflanzen.

Blickfang im Garten: das Pampasgras.

Pflegemaßnahmen im Sommer

Im Sommer benötigen Stauden nur wenig Pflege und können sich selbst überlassen bleiben. Einige Blütenstauden wie Rittersporn sind remontierend, wenn Sie den Blütenstand zurückschneiden, folgt eine zweite Blüte.
Bei einigen hohen Blütenstauden kann es nötig werden, Blüte und Blätter zu stützen, damit ihre volle Pracht erhalten bleibt. Im Fachhandel sind hierfür spezielle Staudenringe erhältlich, die leicht angebracht werden können und ein Abknicken der Stängel bei starkem Wind oder nach Regen verhindern.

Pflegemaßnahmen im Herbst

Im Herbst wartet schon wieder ein bisschen mehr Arbeit im Staudenbeet. Vor den ersten Nachtfrösten wollen frostgefährdete Stauden ein wenig vor der Kälte geschützt werden. Bedecken Sie die Pflanzen mit Reisig, Stroh oder Laub. Dies schützt nicht nur vor dem Erfrieren, sondern verfrüht die Stauden.
Der Herbst eignet sich ebenso gut zum pflanzen, vermehren und umpflanzen. Lediglich frostgefährdete Arten sollten im Herbst nicht ausgegraben werden.

Gräser – filigrane Schönheiten

Winterharte Ziergräser werden in immer größerem Umfang in unseren Gärten gepflanzt, aber auch in öffentliche Anlagen halten sie Einzug. Kein Wunder, eignen sie sich doch für fast jeden Standort, denn Staudengräser stellen kaum Ansprüche an Boden und Pflege.
Die Einsatzmöglichkeiten von Gräsern im Garten sind sehr vielfältig. Sie verleihen ihm einen eigenen Charakter, vor allem fernöstlich inspirierte Gartenmotive können auf Gräser unmöglich verzichten. In Verbindung mit Fächerahorn, Bambus und speziellen Kiefern lässt sich mit ihnen ein wunderbares ostasiatisches Ambiente schaffen.
Ähnlich verhält es sich mit Wasserbereichen im Garten. Am Teichrand sind Gräser nicht nur ausgesprochen dekorativ, sie dienen auch der Reinhaltung des Wassers. Schilf und Rohrkolben filtern Nährstoffe aus dem Wasser und vermeiden somit zu üppiges Algenwachstum.

Besonders gut geeignet sind Gräser zur Bepflanzung von Gefäßen in schönen Herbstarrangements oder in Kombination mit Frühlingsblühern.

Auch Gräser brauchen Pflege

Trotz ihrer Genügsamkeit fordern auch Gräser ein Mindestmaß an Pflege.
Allgemein schneidet man Gräser erst im zeitigen Frühling zurück. Ein Rückschnitt im Herbst könnte das Ausfrieren verursachen, da die abgestorbenen Halme die empfindlichen Neuaustriebe schützen. Ganz davon abgesehen, wirken die Fruchtstände im Winter besonders reizvoll und bieten Nahrung für Vögel. Eine Ausnahme ist der Bambus. Er wird auch im Frühling nicht zurückgeschnitten und benötigt in sehr kalten Lagen einen leichten Winterschutz. Oftmals genügt schon das Zusammenbinden der Halme, um die Pflanze vor dem Erfrieren zu schützen. Ähnlich wie der Bambus ist auch das Pampasgras etwas frostempfindlich und muss im Winter durch Jute oder Vlies geschützt werden. Bei manchen Gräsern wie Schilf oder Rohrkolben muss man achtgeben, dass sie nicht zur Plage werden. So zum Beispiel bei jenen, die zur Teichbepflanzung verwendet werden. In diesem Fall ist es ratsam, Pflanzkörbe zu verwenden, um die Pflanzen in ihrem Wachstumsdrang einzuschränken.
Horstbildende Gräser sterben im Alter oft von der Mitte her ab und verkahlen dann. Graben Sie in diesem Fall die Pflanze aus, teilen Sie sie und pflanzen Sie den jungen Teil vom Rand des Horstes an einer anderen Stelle wieder ein. Die beste Zeit dafür ist das Frühjahr nach dem Rückschnitt.

Käfers Gartentipp

Bei ausläufertreibenden Gräsern müssen Sie darauf achten, dass sie nicht zur Plage im Garten werden. Am besten pflanzen Sie diese in ein großes Gefäß, das Sie mitsamt der Pflanze im Garten eingraben.

Wie alle Gartenpflanzen benötigen auch Gräser für gesundes Wachstum ein wenig Dünger. Wenn im Frühling die ersten frischen Halme aus der Erde sprießen, ist die richtige Zeit gekommen. Viel mehr gibt es zur Pflege der Gräser nicht zu sagen, sie sind eben sehr genügsam.

Bambus und Gräser zieren den Garten.

Rasen und Wiese

Die Frage, ob Rasen oder Blumenwiese, ist weit mehr als die Frage nach einer zweckmäßigen Flächenbegrünung. Dahinter steht vielmehr eine Philosophie, eine eigene Lebensart.
Der Rasen steht für den intensiv gepflegten Garten. Hier ist, wie auch in englischen Gärten, die Natur in idealisierter Form von Menschenhand nachgebaut. Menschen, die auf einen gepflegten Rasen Wert legen, stellen vermutlich andere Ansprüche an sich und ihr Leben als solche, die der Natur ihren Lauf lassen.
Bei der Blumenwiese denken wir unweigerlich an Freiheit, Vielfalt und unbeschwerte Kindertage. Gartenbesitzer mit Blumenwiese leben im Garten und mit der Natur, statt formen und gestalten zu wollen.

Harmonie durch Gegensätze

Die Idealvorstellung ist es, Rasen und Blumenwiese friedlich nebeneinander in einem Garten zu vereinigen. Der Rasen symbolisiert dabei das statische Prinzip. Er wirkt beruhigend und fast gutmütig. Er bedarf der Pflege und will gut ernährt werden, um das zu sein, was er ist. Die Blumenwiese steht für das Wechselhafte. Ständig in Bewegung, unruhig, immer bereit, mit ihrer Schönheit jemanden zu verzücken. Sie muss nicht gepflegt werden, sie pflegt sich selbst, denn sie ist genügsam und bescheiden. All diese Gegensätze erzeugen in der richtigen Anordnung eine unwiderstehliche Harmonie, die ein wenig das wirkliche Leben widerspiegelt.

Harmonisches Nebeneinander: Rasen und Wiese.

Doch egal, welche Elemente Sie in ihrem Garten verwenden – ob Blumenwiese oder Rasen oder beide nebeneinander –, eine ehrliche und eindeutige Gestaltungslinie entsteht nur dann, wenn beides entsprechend gepflegt wird. Ein verunkrauteter Rasen ist keine Blumenwiese und eine zu oft geschnittene Blumenwiese ist kein Rasen. Beides wirkt schlicht und einfach nur schlampig.

Rasen – Planung und Anlage

Der Rasen ist genau genommen eine Monokultur aus mehreren Gräsern. Ökologisch gesehen gibt es wertvollere Flächen, aber keine andere Bodenbegrünung ist so widerstandsfähig und robust, dass sie die Strapazen durch Mensch und Tier derartig gut übersteht. Dies hängt auch mit der besonderen Eigenschaft des Rasens zusammen, dass er sich umso besser entwickelt, je öfter er geschnitten und betreten wird. Voraussetzung hierfür ist natürlich der richtige Boden und das richtige Klima.
Bevor Sie einen Rasen anlegen, sollten Sie der Bodenvorbereitung besondere Aufmerksamkeit schenken. Einmal gemachte Fehler und Versäumnisse sind ohne enormen Aufwand nicht mehr gutzumachen.
Der Boden dient nicht nur als Pflanzgrund für den Rasen. Er muss auch einen festen Untergrund bieten, der begeh-, bespiel- und befahrbar sein soll – und das auch bei ungünstigen Wetterbedingungen.
Finden Sie daher als erstes heraus, wie Ihr Gartenboden beschaffen ist. Nur dann können Sie entscheiden, welche Maßnahmen zur

Vor der Aussaat wird der Boden planiert und alle Unebenheiten ausgeglichen.

Vorbereitung Sie treffen müssen, um ihn für die Rasenaussaat zu optimieren. Dazu gehört auch die Überlegung, wie Sie den Rasen einmal nutzen wollen. Die Bodenanforderungen für einen Rasen, der stark begangen und strapaziert wird, sind andere als bei einem, der zu Zierzwecken angelegt worden ist.

Der ideale Rasenboden

Ein idealer Rasenboden sollte ein gutes Nährstoff- und Wasserspeichervermögen haben, aber auch sehr gut durchlässig sein, damit er nach Regenfällen seine Festigkeit behält.
Die Durchlässigkeit können Sie durch Zugeben von gewaschenem Quarzsand (Körnung 0,3-1,0 mm) verbessern. Bei schweren Böden benötigen Sie dazu 3-5 kg Sand/m^2, der etwa 15 cm tief eingearbeitet wird.
Je schattiger ein Platz und je tonhaltiger ein Boden ist, umso tiefgründiger hat dies zu geschehen – im Bedarfsfall bis hin zur Dränierung der gesamten Fläche. Ständig nasser Boden beschleunigt das Wachstum von Moosen und Algen. Nur ein Beispiel: Der Unterboden auf Sportplätzen besteht bis zu 90 % aus Sand. Das hat für den privaten Gebrauch natürlich keinen Sinn, da die Wasserspeicherkraft derart stark vermindert wird, dass ohne Niederschläge fast jeden Tag beregnet werden muss. Hier ist ein gutes Mittelmaß gefragt. Darum empfehle ich, bei der Neuanlage eines Rasens einen Profi zurate zu ziehen.

Vorbereitung zur Aussaat

Nachdem Sie den Boden aufgelockert und mit Humus und Sand angereichert haben, geht es nun darum, ihn für die Aussaat des Rasens vorzubereiten. Wie viel Humus und Sand eingearbeitet werden müssen, hängt ganz von der Beschaffenheit Ihres Gartenbodens ab. Im Zweifelsfall empfiehlt es sich, einen Fachmann zur Beratung heranzuziehen.
Der erste Schritt ist das Planieren. Das ist nichts anderes als das Einebnen, wobei Steine, Pflan-

zenwurzeln und Fremdkörpern, wie z. B. Glasscherben, abgesammelt werden. Größere Erdbrocken können Sie zerkleinern, kleine Unebenheiten werden ausgeglichen. Am Schluss soll die Gesamtfläche eben wirken.
Für das Feinplanieren können Sie einen gewöhnlichen Holzrechen verwenden. Drehen Sie diesen um und ziehen Sie ihn mit dem Rücken über den Boden. Selbstverständlich werden alle Planierarbeiten bei trockener Witterung durchgeführt, damit die Erde nicht klumpt oder an den Schuhen kleben bleibt.

Die Aussaat

Ist der Boden entsprechend vorbereitet, geht es an die Aussaat. Die beste Zeit ist das Frühjahr, Grassamen brauchen Wärme zum Keimen. Im Herbst können frühe Nachtfröste die Arbeit zunichte machen.
Bei einer guten Saatmischung benötigen Sie 20-30 g Samen/m^2 , um einen dichten Rasen zu erhalten. Die Aussaat erfolgt an einem trockenen Tag. Sie können breitwürfig mit der Hand aussäen oder aber einen Düngerstreuwagen verwenden. Nach der Aussaat rechen Sie die Samen mit dem Holzrechen vorsichtig in die obere Erdschicht (etwa 5 mm). Danach muss eine gute Verbindung zwischen Samen und Boden hergestellt werden. Das geht am besten mit einer Walze oder, bei kleinen Flächen, mit Trittbrettern. Beim Walzen muss der Boden unbedingt trocken sein.

Nach der Aussaat

Nach der Aussaat darf die eingesäte Fläche nicht mehr betreten werden, das gilt auch für Haustiere! Wichtig ist, dass die oberste Bodenschicht bis zur Keimung der Samen nicht austrocknet und ständig feucht ist. Wässern Sie an trockenen Tagen mehrmals täglich. Doch Vorsicht – zu viel Wasser hat eine

Das richtige Saatgut

Rasen ist eine Mischung aus mehreren verschiedenen Gräsern in unterschiedlichem Mengenverhältnis, die je nach Boden, Klima und geplanter Nutzung gemischt werden. Unterschiedliche Nutzungen sind beispielsweise Spiel-, Sport oder Zierrasen. Selbst für Schattenlagen gibt es spezielle Saatgutmischungen, die mit feuchtem Boden und wenig Licht recht gut zurechtkommen. Naturgemäß gibt es sehr große Qualitäts- und Preisunterschiede. Doch Sparsamkeit ist hier fehl am Platz!
Je niedriger die in der Saatgutmischung verwendeten Gräser wachsen und je dichter sie werden, umso teurer ist die Rasenmischung.

Käfers Gartentipp

Wenn Sie mit der Hand aussäen wollen und unsicher sind, dann üben Sie erst einmal mit Sand. So bekommen Sie ein Gefühl dafür, wie der Samen sich verteilt und wie Sie am besten auswerfen.

Verschlämmung und Verkrustung des Bodens zur Folge, was die Keimung der Samen behindert. Hier ist Fingerspitzengefühl gefragt. Mit etwas Glück und je nach Witterung können Sie schon nach etwa ein bis zwei Wochen die ersten zarten Hälmchen sprießen sehen. Die Fläche erscheint nun von Tag zu Tag grüner, darf aber immer noch nicht betreten werden. Spätestens bei einer Rasenhöhe von etwa 10 cm erfolgt der erste Schnitt. Das erste Mähen erfolgt mit einem Mäher, dessen Messer frisch geschliffen sind. Stellen Sie den Mäher dazu auf eine Schnitthöhe von 6 cm ein.

Wässern wie die Profis

Die Wassermenge richtet sich nach der Beschaffenheit des Bodens. Bewässern Sie genügend, sodass auch die tieferen Bodenschichten gut durchfeuchtet werden. Oberflächliches anfeuchten würde nur das Wurzelwachstum in der obersten Erdschicht fördern, mit der Folge, dass beim Austrocknen des Bodens der Rasen sehr schnell absterben würde.

Tiefgründiges Bewässern bewirkt, dass die Graswurzeln im Wachstum dem Wasser folgen. Der Rasen wird insgesamt widerstandsfähiger, auch wenn die oberste Erdschicht sehr trocken wirkt.

Der richtige Zeitpunkt für das Gießen ist früh am Morgen, dann ist der Boden noch kühl und die Fläche kann tagsüber gut abtrocknen.

Düngen im Jahreslauf

Rasenflächen benötigen in der Hauptwachstumszeit viel Stickstoff. Durch das ständige Mähen wird aber permanent organische Substanz entzogen. Düngen gleicht das Ungleichgewicht aus.

Je nach Lage sollten Sie ab Mitte März bis Anfang April zum ersten Mal düngen, in begünstigten Lagen schon ab Ende Februar. Frühes Düngen verlängert die Vegetationszeit.

Neu angelegte Rasenflächen verlangen nach Phosphor, der für den Stoffwechsel in der Pflanze verantwortlich ist. Phosphor fördert die Wurzelbildung.

Eine zweite Düngung ist im Juni bzw. Juli ratsam. Nun sollten ausschließlich stickstoffbetonte Langzeitdünger zum Einsatz kommen. Diese versorgen den Rasen bis zu drei Monate lang mit den nötigen Nährstoffen. Stickstoffdünger bewirkt ein rasches und dichtes Nachwachsen der Grasnarbe.

Ab August wird die Stickstoffdüngung eingestellt, da die Gräser sonst im Herbst anfällig für Krankheiten werden.

Für die Herbstdüngung empfiehlt sich Rasendünger mit geringerem Stickstoffgehalt aber höherer Kalium- und Eisenkonzentration. Kalium ist für das Ausreifen der feinen Grashalme verantwortlich und macht den Rasen robuster und widerstandsfähiger. Nur gut aus-

Rasenpflege

Die Pflege einer Rasenfläche ist ausschlaggebend für deren Qualität. Rasen, der nicht regelmäßig betreut und gepflegt wird, verwildert und wirkt unansehnlich. Die wichtigsten Pflegemaßnahmen sind gießen, düngen, mähen, vertikutieren und säubern.

Ein gepflegter Rasen ist dicht und gleichmäßig.

gereifte Pflanzen sind frosthart. Vor allem Schneeschimmel und andere Krankheiten, die sich im Winter häufig einschleichen, können durch richtiges Düngen verhindert werden. Spezielle Rasendünger erhalten Sie beim Gärtner oder im Fachhandel. Es gilt: Je hochwertiger (teurer) das Produkt, umso länger hält die Wirkung. Die Aufwandsmenge beträgt in der Regel ca. 30-50 g pro m^2.

Lästig aber notwendig: Mähen

Rasenmähen ist meist Männersache und erfreut sich nicht allzu großer Beliebtheit – eine unbequeme Notwendigkeit sozusagen. Viele lassen deswegen den Rasen erst einmal über Wochen wachsen, um ihn dann umso tiefer zurückzuschneiden – genau verkehrt. Damit der Rasen dicht und kräftig wird, muss er mindestens einmal in der Woche gemäht werden, wobei die Halme höchstens um ein Drittel der Gesamtlänge eingekürzt werden dürfen.
Schneiden Sie den Rasen nie kürzer als 3-3,5 cm. Bei anhaltender Sommerhitze sollten Sie die Halme sogar noch einen Zentimeter länger belassen. So ist der Boden besser beschattet und die Wasserverdunstung wird reduziert.
Gemäht wird grundsätzlich bei trockener Witterung, da das Mähgut dann vom Fangkorb fast vollständig aufgefangen wird und nicht verklumpt.

Käfers Gartentipp

Wässern Sie den Rasen maximal zweimal pro Woche – dafür aber mindestens 15-20 mm Wasser pro m^2. Dies gewährleistet, dass das Wasser mindestens 25 cm in den Boden eindringt.
Zur Bestimmung der Wassermenge stellen sie während der Beregnung einen handelsüblichen Regenmesser auf die Rasenfläche.

Vertikutieren macht müde Rasen munter

Durch Vertikutieren löst sich der Filz aus abgestorbenen Gräsern und Halmen aus der Grasnarbe. Nach dem Vertikutieren ist der Rasen besser durchlüftet und das Wasser kann wieder gut bis zum Boden durchdringen. Sie müssen wissen, dass ein dichtes Geflecht aus abgestorbenen Halmen im Rasen oft jahrelang nicht verrottet und wie ein Schwamm wirkt. Bis zu 5 l Wasser pro m^2 können darin gespeichert werden und gehen so dem Wurzelraum verloren.
Vertikutieren können Sie an einem trockenen Tag im Frühjahr oder im Herbst. Im Frühling ist der ideale Zeitpunkt vor der ersten Düngung. Diese Gelegenheit können Sie auch gleich nützen, um bei Bedarf Sand auf der Fläche aufzubringen.

Vertikutieren im Herbst ist die letzte Maßnahme vor der Winterruhe. Vor dem Winter muss sonst nur noch der Rasen gut gesäubert werden, besonders Laub darf nicht auf der Fläche liegen bleiben. Zusammen mit Feuchtigkeit und einer dichten Schneedecke fördert es das Entstehen von Fäulniskrankheiten. Die entstehenden Schäden lassen sich im Frühjahr nur sehr schwer wieder beheben.

Erst die Gesamtheit aller fachmännisch durchgeführten Pflegemaßnahmen macht den Rasen strapazierfähig und hält ihn gesund. Unkräuter haben so erst gar keine Chance, Krankheiten bleiben aus und der Pflegeaufwand selbst vermindert sich. Ist der Rasen einmal verwildert, wird eine Neuaussaat mit entsprechender Bodenvorbereitung nötig.

Vertikutieren ist eine Jungkur für den Rasen.

Käfers Gartentipp

Mulchmäher schneiden das Gras so fein, dass es auf der Rasenfläche liegen bleiben kann. Vorteil: Sie ersparen sich das Hantieren mit dem schweren Auffangkorb und entziehen dem Rasen keine wertvollen Nährstoffe.

Moos im Rasen

Moos im Rasen kann unterschiedliche Ursachen haben. Eine unausgewogene, mangelhafte Düngung bewirkt eine Schwächung des Rasens. In der Folge kann dort entweder Unkraut oder Moos ungehindert wachsen. Moos wächst generell dort, wo Gras nicht mehr wachsen kann. Eine chemische Bekämpfung ist deshalb nicht die Lösung des Problems, vielmehr geht es darum, die wirklichen Ursachen zu beseitigen.

Im einfachsten Fall reicht es, das Moos mit einem Vertikutierer zu entfernen und nach Erstellen einer Bodenanalyse entsprechend nachzudüngen. Meist ist die Ursache für vermoosten Rasen aber zu viel Schatten und/oder ein verdichteter Boden. Nun gilt es, die Struktur des Bodens zu verbessern. Arbeiten Sie dazu an den betroffenen Stellen Humus in Form von Kompost und Quarzsand mit einer Körnung von 0,5-2 mm/m^2 in den Boden ein. Dies verbessert die Wasserführung und die Durchlüftung des Bodens. Auch eine Schattenrasenmischung kann sich nun an diesem Standort gut entwickeln. In späterer Folge sollten Sie zweimal jährlich, und zwar zwischen April und Dezember, mit einem Langzeitdünger düngen.

Die Blumenwiese

Die Blumenwiese besteht aus einer Vielzahl von Kräutern und Gräsern. Über 50 Pflanzenarten sind keine Seltenheit. Das Besondere an einer Blumenwiese ist ihre enorme Anpassungsfähigkeit. Ihr Erscheinungsbild wird von Boden, Klima und der Umgebung geprägt. So wird ein und dieselbe Saatgutmischung einige Zeit nach der Aussaat in einer trockenen, warmen Region sicherlich anders aussehen als in einem niederschlagsreichen, kühleren Gebiet. Manche Pflanzenarten verschwinden – andere wandern aus der Umgebung ein.

Bodenvorbereitung und Aussaattermin

Der ideale Boden für eine Blumenwiese ist nährstoffarm und mager. Eine Bewässerung ist kaum nötig, da in der Wiese auch viele trockenheitsresistente Pflanzen enthalten sind. Wenn Sie im Mai aussäen, können Sie sich bereits im Spätsommer an der ersten Blüte erfreuen. Seien Sie aber nicht enttäuscht, wenn sie im ersten Jahr noch nicht die ganze Blütenpracht genießen können. Manche Pflanzen sind Frostkeimer. Sie keimen erst nach dem ersten Winter und blühen dann im darauffolgenden Jahr. Als weiterer Aussaattermin eignet sich der August.

Vorbereitung zur Aussaat

Die Vorbereitungen zur Aussaat erfolgen ähnlich wie beim Rasen. Lockern Sie den Boden und arbeiten bei Bedarf Sand ein, doch keinesfalls Kompost oder Dünger. Ein Zuviel an Nährstoffen fördert das Wachstum der Gräser so sehr, dass die Blumen nach und nach verschwinden würden. Nährstoffreiche Böden müssen im Extremfall abgetragen und durch ein Boden-Sand-Gemisch ersetzt werden. Rechen sie die Samen etwa 5 mm tief in den Boden ein und verdichten Sie ihn dann mittels einer Walze oder Trittbrettern. Auch bei der Blumenwiese muss der Oberboden bis zur Keimung der Samen feucht gehalten werden. Kleine Wassergaben mehrmals täglich ermöglichen eine schnelle Keimung.

Mähen

Generell wird die Wiese nur zweimal jährlich gemäht. Das erste Mal nach der Samenbildung – je nach Lage ab Mitte Juni bis Juli. Der zweite Schnitt erfolgt im Spätherbst. Im geschnittenen Zustand kommt die Blumenwiese am besten über den Winter. Wollen Sie das Schnittgut zu Futterzwecken verwenden, benötigen Sie also mehr Ertrag, können Sie im Spätherbst oder im zeitigen Frühjahr leicht abgelagerten Stalldung aufbringen und mit einem Rechen oder einer Gabel regelmäßig auf der Grünfläche verteilen. Die Schnitthöhe sollte nie unter 15 cm liegen.

Käfers Gartentipp

Mähen Sie im Sommer nur an warmen trockenen Tagen! Wenden Sie das anfallende Schnittgut einige Male an Ort und Stelle, bevor Sie es abräumen. Die Samen können dann gut ausreifen und auf den Boden fallen.

Garten Genuss

Obst aus eigener Ernte

Eine bewusstere Lebensweise sowie das Verlangen nach gesunder Ernährung haben dem Obst einen regelrechten Boom beschert. Obst ist nicht nur schmackhaft, es hat auch viele lebenswichtige Inhaltsstoffe. Wenn es dann noch aus dem eigenen Garten stammt, schmecken Äpfel und Birnen gleich doppelt so gut. Eigenes Obst ist nicht preiswerter, es handelt sich jedoch um einwandfreie gesunde Früchte bester Qualität mit „Herkunftsgarantie".

Auch Natur und Umwelt profitieren von diesem Trend. Noch vor wenigen Jahrzehnten wurden im Zuge der Flurbereinigung alte Obstbäume gefällt, heute dagegen findet man wieder vermehrt Obstgärten und Streuobstwiesen, die zahlreichen Tieren Nahrung und Lebensraum bieten.

Obstanbau – die Voraussetzungen

Obwohl Obstgehölze mehrere Funktionen im Garten erfüllen, steht doch der Ertrag an Früchten im Vordergrund. Um ein gutes Ergebnis zu erzielen, müssen Sie einige Faktoren berücksichtigen, die maßgeblich für den Erfolg oder Misserfolg einer Obstkultur verantwortlich sind.

Der Boden

Finden Sie als Erstes heraus, welcher Bodentyp in Ihrem Garten dominiert. Nur so kann Ihnen Ihre Baumschule vor Ort die passenden Sorten empfehlen. Die Gärtner werden Sie auch beraten. Sie kennen die örtlichen Gegebenheiten und verfügen über die entsprechende Erfahrung. Generell sollte man vor der Pflanzung eines Obstbaums eine genaue Bodenanalyse durchführen (siehe Seite 58).
Magere Böden müssen mit Dünger, Mist oder Komposterde aufgebessert werden, um ein gesundes Wachstum zu gewährleisten.
Grundsätzlich darf der Boden nicht zu nass sein – Obstgehölze reagieren empfindlich auf Staunässe. Wenn Sie einen sehr nassen Boden haben, müssen Sie die Pflanzung sorgfältig vorbereiten. Graben Sie so lange, bis Sie auf eine wasserdurchlässige Schicht stoßen. Ist dies nicht möglich, sollten Sie das Pflanzloch mindestens einen Meter tief ausheben und etwa ein Drittel mit Kies, grobem Schotter oder Bauschutt befüllen, um eine gute Dränage zu erreichen.
Besonders Steinobst ist sehr nässeempfindlich, hier müssen Sie besonders gewissenhaft vorgehen. Setzen Sie den Baum in diesem Fall nicht zu tief ein, denn das erhöht das Risiko von Wurzelschäden.

Alte Obstbäume bieten Lebensraum und Nahrung.

Standort

Da Sie das Klima nicht beeinflussen können, ist die Standortfrage von besonderer Bedeutung, und natürlich die Wahl der richtigen Sorte. Bevorzugen Sie heimische und regionale Sorten, diese sind in der Regel gut an die vor Ort herrschenden Bedingungen angepasst. Erkundigen Sie sich in der Baumschule.
Die meisten Obstbäume bevorzugen offene, sonnige und warme Lagen. Viele Krankheiten treten nur dann auf, wenn der Standort ungeeignet ist. Beachten Sie auch die Gefahr von Spätfrösten. Frühblühende Sorten sind davon besonders bedroht, die Folge ist ein deutlich verminderter Ertrag.

Obstbäume pflanzen

„Und wenn morgen die Welt unterginge, würde ich heute noch einen Apfelbaum pflanzen". Soweit Martin Luther. Doch dabei gilt es einiges zu beachten.

Obstbäume werden, wie auch Rosen, als Containerware oder wurzelnackt angeboten. Letztere können Sie nur im Herbst oder Frühling pflanzen, Containerware bis auf die Tage, an denen der Boden gefroren ist, ganzjährig. Wurzelnackte Pflanzen sind billiger, jedoch müssen Sie mit Ausfällen rechnen.

Das A und O ist die richtige Vorbereitung der Pflanzgrube. Je schlechter der Boden, umso größer sollte die Grube sein. Den Aushub können Sie je nach Bodenart mit Sand oder Humus mischen. Da Wühlmäuse die Wurzeln junger Obstbäume lieben, sollten Sie das Pflanzloch mit einem feinen Draht auslegen. Schlagen Sie einen kräftigen Pfahl schräg in den Rand der Pflanzgrube, und zwar genau gegen die Hauptwindrichtung. Das heißt, das bei starkem Wind der Baum vom Pfahl weggezogen werden soll und nicht gegen ihn gedrückt wird. Letzteres würde Schäden an der Rinde verursachen. Der Pfahl sollte bis zum Kronenansatz reichen.

Der Obstbaum wird nun so eingesetzt, dass die Veredlungsstelle über dem Erdboden zu liegen kommt. Füllen Sie die Erde wieder in die Pflanzgrube und gießen Sie gleich an, erst dann drücken Sie die Erde fest. So verbinden sich die Wurzeln besser mit dem sie umgebenden Erdreich. In der Folge gießen Sie eher mäßig. Wer ständig gießt, riskiert, dass die Pflanzen absterben.

Zum Schluss befestigen Sie den Stamm mit einer dicken weichen Kokosschnur am Pfahl. So wird verhindert, dass die neuen feinen Wurzeln des jungen Baums bei starken Windböen reißen.
Richtig gepflanzte Obstbäume tragen je nach Sorte schon im zweiten Standjahr.

Die Sache mit der Befruchtung

Viele Gartenfreunde können ein Lied davon singen: Der Baum wurde ordnungsgemäß gepflanzt, alle Schnittmaßnahmen durchgeführt und er gedeiht prächtig. Nur Früchte will er keine tragen. Vor allem Kirschen und Zwetschken verweigern oft der Mühe Lohn. Was ist der Grund?
Dazu müssen Sie wissen, dass man beim Obst zwischen selbstfruchtbaren und selbstunfruchtbaren Arten unterscheidet. Dies bedeutet, dass es Obstarten gibt, die zur Bestäubung den Pollen einer anderen Obstsorte brauchen und solche, die sich innerhalb eines Baumes untereinander befruchten können. Erstere, die selbstunfruchtbaren Sorten, bilden nur Früchte, wenn in der Umgebung entsprechende Bestäubersorten vorhanden sind.
Informieren Sie sich also vor dem Kauf einer Obstsorte, ob es sich um einen Selbstbefruchter oder einen selbstunfruchtbaren Baum handelt. Bei selbstunfruchtbaren Sorten müssen Sie Befruchtersorte in die Nähe pflanzen oder prüfen, ob es in der Nachbarschaft vielleicht einen Baum gibt, der als Befruchter in Frage kommt. Die Abstände der Bäume sollten zwischen 25 und 50 Metern liegen, so können

Welche Sorte?

Lassen Sie sich Zeit bei der Entscheidung, welche Obstsorte Sie pflanzen wollen. Achten Sie auf Kriterien wie Lagerfähigkeit, Verwendung, Geschmack, Ertrag. Ein Hochstamm braucht 60-100 m^2. Die kleinste Variante ist der Spindelstrauch. Er begnügt sich mit $5m^2$. Beliebt sind Halbstämme, die 10-15 m^2 beanspruchen.
Apfelbäume beginnen bereits nach drei bis fünf Jahren zu tragen und liefern je nach Sorte und Baumgröße 30 kg bis über 100 kg Früchte.

Selbst- oder Fremdbestäuber

Selbstunfruchtbar sind: Apfel, Birne, Haselnuss, Sauerkirsche (nur manche Sorten), Süßkirsche, Kiwi, Zwetschke und Pflaume je nach Sorte, Wein (Urformen und ältere Sorten).
Selbstfruchtbar sind: Marille, Brombeere und Himbeere (eine zweite Sorte erhöht den Ertrag) Holunder, Johannisbeere (Sortenmix aus drei Sorten ist besser, besonders bei der schwarzen Johannisbeere), Sauerkirsche (nicht alle), Pfirsich, Zwetschke und Pflaume je nach Sorte, Quitte, Stachelbeere, Walnuss (besser ist jedoch Fremdbestäubung), Wein (neuere Sorten).

Bienen und Hummeln sie gut erreichen. Natürlich können auch andere Faktoren dafür verantwortlich sein, wenn ein Obstbaum keine Früchte trägt. Bei zu niedrigen Temperaturen oder hohen Niederschlägen findet beispielsweise kein Bienenflug statt, und eine für die Bienen attraktivere Kultur in der Nähe kann den Obstbäumen Konkurrenz machen. Die Bienen verlieren auch ihr Interesse, wenn die Blüten geschädigt sind, z. B. durch Spätfrost, oder witterungsbedingt nicht genügend Nektar bilden.

Ungünstige Windverhältnisse und zu großer Abstand von der Befruchtersorte können ebenfalls zu Ernteausfällen führen.

Gute Pflege – gute Erträge

Gute Erträge sind kein Zufall. Wenn Sie sich nicht mit Obst mittelmäßiger Qualität begnügen wollen, müssen Sie schon etwas Arbeit investieren. Dazu gehören beispielsweise das rechtzeitige Einschreiten bei Schädlingsbefall oder bei ersten Anzeichen von Krankheiten, aber auch die richtigen Düngemaßnahmen und der Schnitt.

Das Thema Schädlinge und Krankheiten soll hier nicht weiter vertieft werden, hierfür gibt es genügend Fachliteratur auf die ich verweisen möchte. Die wichtigsten vorbeugenden Maßnahmen sind, wie bereits erwähnt, ein günstiger Standort, richtige Düngung und ein fachmännisch durchgeführter Schnitt. Zuviel Stickstoff bewirkt auch bei Bäumen, dass die Pflanzen anfälliger für Krankheiten werden. Die meisten Pilzerkrankungen wie Schorf und Mehltau sind durch zu hohe Luftfeuchtigkeit und ungenügende Luftzirkulation begünstigt. Je schneller das Laub an einem Baum abtrocknen kann, umso schwieriger wird es für Krankheitskeime, in die Pflanze einzudringen. Der richtige Gehölzschnitt dient daher dem Aufbau einer lockeren, gut belüfteten Krone. Am Ende einer Vegetationsperiode müssen Sie das im Herbst gefallene Laub befallener Bäume sowie kranke Früchte sorgfältig entfernen und über den Hausmüll entsorgen oder verbrennen. So verhindern Sie, dass Krankheiten und Schädlinge überwintern und im Frühjahr erneut den Baum infizieren. Auch sogenannte Fruchtmumien in der Krone sollten Sie unbedingt abpflücken.

Eine weitere wichtige Pflegemaßnahme ist das Offenhalten der Baumscheibe, zumindest in den ersten drei Jahren nach der Pflanzung. Gras und Unkräuter bilden eine starke Wurzelkonkurrenz, die junge Obstgehölze in ihrer Entwicklung behindern. Die Baumscheibe können Sie zum Schutz gegen Wasserverdunstung mit Grasschnitt, Rinde oder gehäckselten Gartenabfällen mulchen.

Wasserschosse müssen entfernt werden.

Käfers Gartentipp

Eine Gärtnerregel lautet: „Ist ein Obstbaum richtig geschnitten, kann man einen Hut durch die Krone werfen." Wenn Sie Ihren Baum mögen wie er ist, verzichten Sie auf die Säge.

Der Obstbaumschnitt

Ein fachmännischer Schnitt von Obstbäumen ist die Voraussetzung für gesunde und schmackhafte Früchte. Bevor Sie loslegen, sollten Sie sich ein wenig mit der Materie vertraut machen oder einen Fachmann hinzuzuziehen. Vor allem bei jungen Bäumen können Sie beim Schneiden einiges falsch machen. Beerenobst ist weniger heikel, hier können Sie Schnittfehler meist nach einem Jahr wieder beheben.

Wenn Bäume in die Jahre kommen

Alte Bäume, die über Jahre nicht geschnitten worden sind, entwickeln eine dichte Krone mit vielen schwachen und dünnen Zweigen. Bevor Sie einen solchen Baum „restaurieren", sollten Sie sich im Klaren darüber sein, ob Ihnen mehr an einem dekorativen Baum liegt, der auch Früchte trägt, oder ob Ihnen ein möglichst hoher Ertrag wichtiger ist.
Sollte ersteres der Fall sein, genügt meist ein Auslichtungsschnitt. Dabei wird die Krone gelichtet, indem vereinzelt Zweige entfernt werden. So wird sie wieder luftiger und das Sonnenlicht kann alle Teile gut erreichen. Die Früchte können besser ausreifen, der Baum ist allgemein weniger krankheitsanfällig.

Die wichtigsten Grundregeln für den Obstbaumschnitt

- Fördern Sie waagrechte Triebe, diese tragen später die Früchte.
- Triebe, die in die Krone hineinwachsen, sind zu entfernen.
- Jeder Ast und Zweig braucht Raum, um genügend Licht zu erhalten, darum sollte er nicht beschattet werden.
- Wenn zwei Triebe direkt nebeneinander entspringen, wird der schwächere (Konkurrenztrieb) abgeschnitten.
- Wassertriebe können schon im Sommer entfernt werden. Generell kann man einfache Schnittmaßnahmen unmittelbar nach der Ernte durchführen. Der Sommerschnitt bremst auch das Wachstum der Bäume.
- Frostgefährdete Obstarten wie Marille, Pfirsich, frühe Kirschen und auch Walnussbäume werden im Spätsommer geschnitten. So bleibt den Bäumen Zeit, die Wunden zu schließen, bevor der erste Frost kommt.
- Wenn Sie mehrere Obstbäume haben, beginnen Sie mit der Arbeit am gesündesten Baum und schließen beim schwächsten Baum ab. So reduzieren Sie die Gefahr der Übertragung von Krankheiten.
- Zu starker Fruchtansatz kann einen Obstbaum überfordern. Um dem entgegenzuwirken, wird der Baum ausgedünnt. Der Fruchtansatz wird mehr oder weniger stark vermindert. Die verbleibenden Früchte werden dafür umso größer.

Diese Schnittmaßnahmen sollten Sie, aber nur bei alten Bäumen, alle ein bis zwei Jahre durchführen.

Wenn Sie dagegen den Ertrag stark steigern wollen, muss die Krone bis auf ein paar kräftige Äste regelrecht abgetragen werden. Der Aufbau einer neuen Krone verlangt einiges Know-how und bereitet viel Arbeit. Nach einem solchen Eingriff dauert es in der Regel einige Jahre, bis sich der Obstertrag deutlich steigert – vorausgesetzt, Sie haben alles richtig gemacht.

Nach meiner Erfahrung ist es leider so, dass Obstbäume oft jahrelang ungeschnitten bleiben und dann, wenn sie zu groß sind, brutal eingekürzt werden müssen. Ziehen Sie in einem solchen Fall lieber einen Fachmann hinzu, der die Fehler behebt und über einige Jahre hinweg Ihre Obstbäume betreut.

Schädlinge

Saugende und stechende Insekten müssen unbedingt bekämpft werden, auch wenn sie auf den ersten Blick keinen großen Schaden anrichten. Sie übertragen aber Viren und Pilzerkrankungen, die den Gehölzen sehr zusetzen können.

Käfers Gartentipp

Pflückreif sind Äpfel, wenn sich die Frucht durch leichtes Drehen leicht vom Baum lösen lässt und der Stiel an der Frucht bleibt. Sind die Samen braun, ist der Apfel für den Verzehr geeignet.

Obstspaliere kommen mit wenig Raum aus.

Nach meiner Erfahrung ist das beste Mittel zur Vorbeugung eine Austriebsspritzung mit einem Präparat auf Ölbasis. Fragen Sie im Fachhandel. Diese Austriebsspritzmittel sind sehr gut umweltverträglich und bei sachgemäßer Anwendung völlig ungiftig. Der richtige Zeitpunkt hierfür ist unmittelbar vor oder während des Austriebs. Die ölige Substanz verklebt die Atemöffnungen aller am Baum überwinternden Insekten, die in der Folge ersticken. Die einzige Schwierigkeit ist, wirklich alle Viecherl mit dem Mittel zu erreichen.

Mini-Obstbäume und Spaliere

Wenn Sie keinen Platz für einen großen Obstbaum haben, müssen Sie trotzdem nicht auf Stein- und Kernobst verzichten. Neue Züchtungen auf schwachwachsenden Unterlagen sowie Zwerg- und Säulenobst finden Platz in

jedem auch noch so kleinen Garten. Zwerg- und Säulenobst bringt auch in Kübeln und Trögen reichlich Ernte.
Obst in Gefäßen zu kultivieren ist übrigens keine Erfindung unserer Zeit. Schon die Griechen und Römer pflanzten Granatäpfel, Wein und Feigen in reich verzierte Keramiktöpfe. Später kamen an europäischen Adelshöfen Orangerien in Mode. Sie dienten speziell der Überwinterung von Zitrusfrüchten in Töpfen. Im Barock schließlich wurden Obstgehölze durch kunstvolle Schnittmaßnahmen klein gehalten, um sie in Gefäßen halten zu können. Heute ist das wesentlich einfacher. Äpfel, Birnen, Pflaumen, Süß- und Sauerkirschen, Marillen, Pfirsiche und Nektarinen gibt es auch als Miniaturobstbäume. Als Attraktion werden auf solche Bäume zwei bis drei verschiedene Sorten einer Obstart veredelt. Aber nicht nur Kern- und Steinobstsorten eignen sich zur Aufzucht in Töpfen und Kübeln, auch verschiedenes Beerenobst entwickelt sich in Pflanzgefäßen ganz prächtig. Wer Kern- und Steinobst in kleine Töpfe quetscht, darf allerdings nicht erwarten, dass diese Bäumchen ein hohes Alter erreichen. 10-15 Jahre sind die durchschnittliche Lebenserwartung eines Zwergobstbaumes. Auch in den Garten ausgepflanzt, verlängert sich die Lebensdauer nur unwesentlich.

Spalierobst

An Spalieren und Klettergerüsten gezogene Obstsorten ermöglichen auch auf kleinstem Raum eine reiche Ernte. Die Gehölze entwickeln sich am besten im Schutz einer warmen Wand, die in der Nacht tagsüber gespeicherte Wärme abgibt. Birnen und Pfirsiche fühlen sich besonders wohl an voll besonnten, warmen und hellen Südseiten, Aprikosen an einer leicht beschatteten Wand. Für die eher kühle, aber trockene und vor Wind geschützte Ostseite eignen sich Birnen der Sorte 'Williams Christ', aber auch Pfirsiche und Quitten wachsen hier. Einige Apfelsorten und Sauerkirschen bevorzugen die eher feuchte Westseite, Sauerkirschen können Sie sogar noch an Nordost- und Nordwestwänden pflanzen. Heben Sie das Pflanzloch etwa 50 cm tief und breit aus, der Abstand zur Wand soll mindestens 30 cm betragen. Steht das Dach über, müssen Sie den Abstand zur Wand entsprechend vergrößern, sodass die Pflanzen ausreichend mit Regenwasser versorgt werden.

Tipps zur Lagerung von Obst

- Pflücken Sie Lagerobst behutsam und vermeiden Sie Verletzungen. Madige oder kranke Früchte sofort verarbeiten oder verzehren.
- Bewahren Sie Obst nach Sorten getrennt auf.
- Die idealen Lagertemperatur ist 3-6 °C, die Luftfeuchte sollte um die 90 % liegen. Wasserschalen verbessern das Raumklima.
- Kontrollieren und lüften Sie wöchentlich und entfernen Sie faulende Früchte.
- Obst und Gemüse getrennt lagern.
- Äpfel separat lagern. Sie sondern Äthylen ab, ein Gas, das anderes Obst schneller altern lässt.

Um den Obstgehölzen den nötigen Halt zu verleihen, ist ein stabiles Holzgerüst oder ein Drahtrahmen nötig. Am einfachsten zu konstruieren ist ein Gerüst aus kesseldruckimprägnierten Dachlatten. Bewährt haben sich Lattenabstände in der Senkrechten von 50-70 cm. Auf diese Latten schrauben Sie dann die waagerechten an. Ihr Abstand sollte der üblichen Höhe der Spalierstufen von 40-50 cm entsprechen.

Beerenobst

Beerenobststräucher nehmen weniger Platz in Anspruch als Obstbäume und sind auch einfacher zu schneiden. Die Voraussetzung für einen fachgerechten Schnitt ist die Kenntnis darüber, an welchem Holz sich die Früchte bilden. Diese Triebe gilt es zu fördern.
Stachelbeeren fruchten an der Basis der im vorigen Jahr entstandenen Seitentriebe und auf Kurztrieben, die an altem Holz entstehen. Ziel des Schnitts ist ein Gerüst aus 6-8 Leittrieben mit ein- und mehrjährigem Holz. Kürzen Sie im Winter des zweiten Standjahres alle Leittriebe und Sprosse, die später das Gerüst bilden sollen, um die Hälfte. Im folgenden Herbst sollte der Busch zwischen sechs und acht gleichmäßig verteilte Äste aufweisen, die nicht für das Gerüst benötigten werden auf 5 cm eingekürzt.

Wein ist ideal zur Begrünung von Fassaden.

Johannisbeeren schneiden

Der Schnitt der Johannisbeerbüsche gleicht dem der Stachelbeeren. Ziel ist ein kelchförmiges Gerüst aus 8-10 Ästen. Die Früchte der Roten Johannisbeere wachsen an den Kurztrieben auf ein, zwei- und dreijährigem Holz, die der Schwarzen Johannisbeere an den Vorjahrestrieben.
Am einfachsten zu pflegen sind Himbeeren. Hier werden alle abgeernteten Triebe ebenerdig entfernt und verbrannt, um der Himbeerrutenkrankheit vorzubeugen. Die Früchte bilden sich an zweijährigen Schösslingen.

Brombeeren und Wein

Aufrecht wachsende Brombeersorten behandeln Sie wie Himbeeren, rankende Sorten müssen an einem Gerüst gezogen werden und erfordern über den ganzen Sommer einen Formschnitt der Leittriebe und ein Ausbrechen der Seitentriebe auf 2-3 Augen.
Der Weinstock trägt nur an gut verholzten, einjährigen Trieben und muss je nach Erziehungsform geschnitten werden. Unter normalen Umständen trägt Wein im dritten Jahr. Trauben wachsen an den Sommertrieben der einjährigen Triebe. Entfernen Sie aus den Blattachseln wachsende Geize und schneiden Sie die fruchtenden Triebe auf drei Blätter zurück.

Obst für raue Lagen

Sorte	Eigenschaften	Ernte
Apfel 'James Grieve'	weitverbreitete Herbstapfelsorte für alle Lagen, gut frostfest in Holz und Blüte	ab Anfang IX, zu frühe Ernte bewirkt Stippigkeit, für den Sofortverzehr, 3-4 Wochen lagerfähig, hervorragender Geschmack, druckempfindlich
Erdbeere 'Ostara'	sehr ertragreiche Sorte für den Frischverzehr, mittelgroße Frucht, nicht mehltauanfällig	Anfang X bis zum Frostbeginn, mehrmalstragend
Hauszwetschke	gering krankheitsanfällig, früher und regelmäßiger Ertrag, selbstfruchtbar mittelgroße, süße feste Früchte	Ende IX-Mitte X, gut lagerfähig
'Hedelfingers Riesenkirsche'	sehr spät, gut für Spätfrostgebiete, weit verbreitet in Hausgärten	4.-5. Kirschwoche, für den Frischverzehr und als Einmachfrucht, gut transportfähig
Himbeere 'Autumn Biss'	gesunde und wüchsige, herbsttragende Sorte, ideal als Gartensorte für die naturnahe Kultur, kein Befall durch Himbeerkäfer	Spätsommer bis Herbst, IX-X, im Herbst öftertragend, auch für Balkon und Terrasse in Gefäßen kultivierbar
Kiwi 'Ambrosia'	sehr gute Gartensorte, fruchtet nach 3-4 Jahren, ca. 4 cm lange, walzenförmige Früchte, glatte Schale, gut frostfest	Pflückreife Mitte IX, Genussreife X, benötigt unbedingt Befruchtersorte 'Matua' oder 'Nostino'
Marille 'Ungarische Beste'	Blüte ziemlich frosthart, gut selbstfruchtbar, die beste Haussorte	Ende VII-Anfang VIII, gut transportfähig
Weintraube 'Roter Gutedel'	für Pergolen, Spalierwände und Mauern, sehr späte Blüte, sehr süße, große Früchte, erstklassige Tafeltraube	IX-X

Küchen-kräuter

Das Wissen über Würz- und Heilkräuter verdanken wir hauptsächlich Mönchen, die sie in Klostergärten vor allem zur Herstellung von Tees und Arzneien kultivierten. Mit der Säkularisation vieler Klöster wäre viel von diesem Wissen verloren gegangen, hätten nicht unzählige Generationen von Bäuerinnen über die Jahrhunderte ebenfalls diese Heil- und Gewürzpflanzen in ihren Gärten kultiviert.

Heute haben Kräuter zum Glück wieder einen festen Platz in unseren Gärten. Ob als Duftoase, Teegärtchen oder zur Verwendung in der Küche – sie steigern das körperliche und geistige Wohlbefinden. Entdecken und genießen sie die enorme Sortenvielfalt, die seit einigen Jahren auf den Märkten und in Gärtnereien erhältlich ist.

Pflanzen für Genießer

Kräuter dienen nicht nur als Würz- oder Heilpflanzen. Sie sind auch ein beliebtes Gestaltungselement im Garten und auf der Terrasse. Spezielle Kräutergärten, Kräuterspiralen, originelle Kräuterbeete oder bepflanzte Gefäße – die Zahl der Möglichkeiten, Kräuter zu arrangieren, ist schier unendlich. Besonders Würzkräuter wie Thymian, Salbei, Rosmarin oder Lavendel erfreuen sich großer Beliebtheit und sind auch aus der Küche nicht mehr wegzudenken. Spezialgärtnereien bieten eine immense Fülle interessanter Sorten und Aromen aus den exotischsten Ländern an. Kräuter sind in! Kombiniert mit viel Naturstein, Statuen und Terrakotta-Gefäßen verleihen sie dem Garten ein mediterranes Flair. Kräuter vermitteln ein Lebensgefühl, das uns sonst nur in Lifestyle-Magazinen und Reiseprospekten vorgeführt wird.

Kräutergärten haben eine lange Tradition.

Und Kräuter verführen die Sinne. Wer erfreut sich nicht an ihrem aromatischen Duft, oder den dunkelblauen Blüten von Lavendel und Salbei. Und was gibt es Schöneres, als an einem lauen Sommerabend bei Kerzenlicht und Rotwein Tomaten und Mozzarella mit frisch gepflückten Basilikumblättern aus dem eigenen Garten zu genießen?

Einmaleins des Kräutergartens

Das Kultivieren und Pflegen von Kräutern ist im Allgemeinen keine große Wissenschaft, da viele Kräuter sehr anspruchslos sind. Leider macht unser Klima uns allzu oft einen Strich durch die Rechnung. Zu viele Niederschläge im Frühling und Herbst, zu wenig Sonne im Sommer und vor allem zu viel Kälte im Winter sind vieler Kräuter Tod. Dies betrifft hauptsächlich diejenigen Gewächse, die aus südlichen Gefilden stammen.

Wichtig ist daher die Wahl des richtigen Standorts. Ein Kräutergarten gehört an eine möglichst vollsonnige, geschützte und trockene Stelle im Garten. Ein vollsonniger Standort ist für die gute Qualität der meisten Kräuter ein Muss.

Leichte Erhöhungen oder eine Böschung eignen sich besser für ein Kräuterbeet als Mulden und Vertiefungen, da sich in letzteren kalte Luft ansammeln kann. Ideal ist ein Hochbeet oder eine Kräuterspirale (siehe auch Seite 110).

Ein weiteres Standortkriterium sollte die gute Erreichbarkeit des Kräutergartens sein. Niemand wird während des Kochens frische

Gute Gartenerde ist die Basis für alles.

Kräuter ernten, wenn dazu eine Wanderung quer durch den Garten nötig ist. Der richtige Platz für Küchenkräuter ist unmittelbar neben dem Haus in geringer Entfernung zum Eingang oder zur Terrasse – vorausgesetzt die anderen Standortkriterien sind dort auch erfüllt.

Käfers Gartentipp

Das Zauberwort für aromatischen Geschmack heißt Licht. Je mehr, desto besser. Deswegen schmecken Kräuter, die unter südlicher Sonne gewachsen sind, auch besonders aromatisch.

Der richtige Boden

Der richtige Untergrund ist ausschlaggebend für gutes und üppiges Wachstum. Da – wie schon erwähnt – die meisten Kräuter Trockenheit bevorzugen, muss der Boden gut durchlässig sein. Auch ein Pflanzhügel oder eine Kräuterspirale nützen nichts, wenn Sie zu schwere, nasse oder stark tonhaltige Erde verwenden. Lockere humusreiche Erde mit Sand vermischt, bringt den gewünschten Erfolg. Kompost aus dem eigenen Garten reichert den Boden zusätzlich mit Nährstoffen an, sodass zusätzliches Düngen überflüssig wird. Haben Sie die richtigen Zutaten nicht zur Hand, können Sie auch Fertigerde kaufen. Dies wird bei der Anlage eines größeren Kräutergartens aber schnell kostspielig.

Kräuter pflanzen

Kaufen Sie zum Bepflanzen Ihres Kräutergartens vorgezogene Kräuter. In jeder Staudengärtnerei erhalten Sie die beste Qualität, da die Pflanzen größtenteils im Freiland kultiviert werden und dementsprechend abgehärtet sind. Eine Kräuterpflanze muss nicht makellos sein, das eine oder andere braune Blatt tut ihr keinen Abbruch. Viel wichtiger sind ein gedrungener Wuchs, ein schöner verzweigter Aufbau und vor allem eine gesunde Anzucht ohne Chemie.

Kräuter düngen

Auch für die Düngung gilt: Chemie hat im Kräutergarten nichts verloren. Hier finden ausschließlich natürliche Düngemittel Anwendung. Wie bereits erwähnt, genügt meist

guter Kompost, um die Kräuter mit ausreichend Nahrung zu versorgen. Ist kein Kompost zur Hand, sind Hornspäne oder Guano ein guter Ersatz. Doch Vorsicht – zu viel Dünger ist im Kräutergarten ungünstig. Bei einem zu hohen Stickstoffgehalt des Bodens wachsen die Pflanzen sehr stark. Das mag ja auf den ersten Eindruck nicht schlimm sein, doch beeinträchtigt dies die Qualität der Kräuter. Durch das schnelle Wachstum haben die Pflanzen keine Zeit, genügend Inhaltsstoffe zu bilden und einzulagern. Sie sind dann nur wenig aromatisch. Zu schnell gewachsene Pflanzen sind außerdem schwach und bieten eine gute Angriffsfläche für Schädlinge und Krankheitserreger aller Art.
Außerdem ist allzu üppiges Wachstum gar nicht gewünscht, da das Platzangebot im Kräutergarten ohnedies nicht allzu groß ist.

Keine Chance für Schädlinge

Im Kräutergarten wachsen meist viele unterschiedliche Pflanzen neben- und durcheinander, Schädlinge haben hier keine große Chance. Vor allem die aromatischen Inhaltsstoffe vieler Kräuter vertreiben Schädlinge eher. Aus diesem Grund ist es auch interessant, Kräuter ins Gemüsebeet zwischen die verschiedenen Gemüsearten zu pflanzen, um Schädlinge fernzuhalten.
Blattläuse können bei ungünstiger Witterung leicht zu Schäden führen. Aber auch in diesem Fall sollten Sie auf chemische Pflanzenschutzmittel unbedingt verzichten. Das Entfernen der stark befallenen Triebe, ein scharfer Wasserstrahl und die Behandlung mit einem Brennnesselauszug können auf natürliche Weise Abhilfe schaffen.

Gute Nachbarschaften im Gemüsebeet

Folgende Kräuter ins Gemüsebeet gepflanzt halten Schädlinge fern und locken Bienen zur Bestäubung an.

- Zu Bohnen: Basilikum, Schnittsellerie
- Zu Gurken: Basilikum, Borretsch, Dill, Knoblauch
- Zu Tomaten: Basilikum, Dill
- Zu Kohl: Borretsch, Dill, Schnittsellerie
- Zu Salat: Kerbel

Brennnesselbrühe

Pflanzenjauche eignet sich besonders gut als Dünger für das Kräuterbeet. Sie ist leicht zu dosieren und der Boden wird nicht mit lang anhaltenden Nährstoffen angereichert. Ideal ist Brennnesseljauche. Setzen Sie 1 kg Brennnessellaub in 100 Liter Wasser an und geben Sie 2-3 Esslöffel Urgesteinsmehl dazu (dieses verhindert die Geruchbildung).
Nach einigen Tagen setzt die Gärung ein. Je nach Temperatur ist die Jauche nach 10-14 Tagen fertig. Bis dahin muss täglich umgerührt werden um das Gemisch mit Sauerstoff anzureichern. Die Jauche kann zum Düngen verwendet werden, sobald keine Bläschen mehr aufsteigen und die Jauche ganz klar ist. Direkt auf den Boden ausgebracht wird sie im Verhältnis 1:20 mit Wasser verdünnt, als Blattdüngung muss man die Brühe im Verhältnis 1:50 verdünnen.

Ernten und konservieren

Küchenkräuter werden kurz vor der Blüte geerntet, sobald der Blütenansatz zu erkennen ist. Nun ist das Blatt- und Triebwachstum abgeschlossen und die Pflanzen haben ein Maximum an Inhaltsstoffen eingelagert.

Idealer Erntezeitpunkt ist ein später sonniger Vormittag nach einer längeren Schönwetterperiode, denn die zu erntenden Pflanzenteile müssen trocken sein. Schütteln Sie die Kräuter und entfernen Sie abgestorbene Teile oder Insekten. Nach Möglichkeit sollten Sie für das Trocknen vorgesehene Kräuter nicht waschen, da wertvolle Inhaltsstoffe verloren gehen und Schimmelbildung droht.

Zum Trocknen können Sie die Kräuterbüschel ca. 3-4 Tage kopfüber in einem luftigen, dunklen, trockenen Raum aufhängen. Sie müssen ihre grüne Farbe behalten und dürfen auf keinen Fall direktem Licht ausgesetzt werden.

Eine andere Methode zur Konservierung ist das Einlegen in Olivenöl. Geben Sie die Kräuter in eine Flasche und füllen Sie diese mit Öl auf, bis die Pflanzen knapp bedeckt sind. Nun stellen Sie die Flasche ein bis zwei Wochen an einen warmen Platz und seihen dann ab. Sie können die Kräuter auch im Öl lassen.

Am einfachsten ist das Einfrieren, aber nicht alle Kräuter eignen sich dazu. Am besten geht dies mit Dill, Petersilie, Sellerie und Bohnenkraut. Die Kräuter werden dazu unmittelbar nach der Ernte fein gehackt und portionsweise eingefroren.

Kräuter im Winter

Einjährige Kräuter überlässt man im Winter ihrem Schicksal, viele werden im Herbst ohnedies völlig abgeerntet. Mehrjährige Kräuter verbleiben dagegen an ihrem Standort. Ein leichter Winterschutz verhindert Ausfälle und verfrüht die Pflanzen im Frühling. Zu diesem Zweck eignen sich Tannen- oder Fichtenreisig, die Sie locker über das Beet legen.

Große Pflanzen können Sie etwas zurückschneiden. Ein starker Rückschnitt ist bei frostempfindlichen Pflanzen generell ungünstig, da sie dann leichter ausfrieren. Hier ist ein starker Schnitt im zeitigen Frühjahr besser.

Beim Zurückschneiden im Frühjahr dürfen Sie nicht zimperlich sein. Wenn Pflanzen wie Lavendel, Thymian oder mehrjähriges Bohnenkraut zu stark verholzen, werden sie unansehnlich, fallen auseinander und wachsen nur noch kümmerlich. Durch den Rückschnitt

Kräuter konservieren durch Trocknen.

treiben sie im Frühjahr kräftig aus und bilden üppige Blätter und Triebe.
Bepflanzte Kräutertöpfe überstehen den Winter an einem niederschlags- und sonnengeschützten Standort. Versorgen Sie die Töpfe vor dem Einwintern ausreichend mit Wasser, auch an frostfreien Tagen müssen Sie die Erde anfeuchten. Im Frühjahr wird kräftig zurückgeschnitten.

Kräuter vermehren

Ein- und zweijährige Kräuter wie Dill, Kerbel, Basilikum, Petersilie, Kümmel, Koriander, Borretsch, einjähriger Majoran und Kresse lassen sich leicht aus Samen vermehren.
Die meisten Küchenkräuter sind Lichtkeimer. Die Samenkörner dürfen deshalb nach der Aussaat nicht mit Erde oder Sand bedeckt werden. Manche Arten wie zum Beispiel der Bärlauch gehören zu den Frostkeimern. Deren Samen keimen erst aus, wenn sie über einen bestimmten Zeitraum Frost ausgesetzt waren. Ein Gärtnertrick ist, sie vor der Aussaat je nach Pflanzengattung für einige Stunden bis mehrere Wochen ins Gefrierfach zu legen – wenn es schnell gehen soll.
Ausgesät wird ab März in Töpfen oder Schalen. Wenn Sie auf Nummer sicher gehen wollen, dann verwenden Sie spezielle Anzuchterde. Stellen Sie die Aussaatgefäße an einen sehr hellen und sonnigen Standort. Ein großes südseitiges Fenster ist die Mindestanforderung, noch besser wären ein Wintergarten oder ein beheiztes Glashaus. Ideal ist eine Temperatur von 22-23 °C.
Sobald außer den Keimblättchen die ersten richtigen Blätter erkennbar sind, wird es Zeit, die Pflänzchen zu vereinzeln, oder, wie wir Gärtner sagen, zu pikieren. Das Pikieren erfolgt in leicht vorgedüngter Erde, wobei Sie in ein Töpfchen von 9-11 cm Durchmesser drei bis vier Pflänzchen setzen können. So erhalten Sie zur Auspflanzzeit kräftige Pflanzen. Wenn die Sonne an Kraft gewinnt, muss untertags gelüftet werden, sonst besteht die Gefahr eines Hitzestaus. Die Folge wäre, dass die recht empfindlichen Pflänzchen sehr schnell welken würden.

Käfers Gartentipp

Schnittlauch treibt gut aus, wenn er einmal richtig durchfriert. Dazu stechen Sie im Herbst die Stöcke heraus und lassen Sie den Wurzelballen auf dem Beet liegen. Im Winter pflanzt man sie in Töpfe und stellt sie zum Vortreiben ins Warme.

Auspflanzen ins Freiland

Vor dem Auspflanzen ins Freiland müssen die jungen Pflänzchen unbedingt abgehärtet werden. Dazu senken Sie bei kräftigeren Pflanzen die Temperatur stark ab. Je nach Lage können die so vorkultivierten Pflanzen ab Ende April in den Garten ausgepflanzt werden. Sie bringen durch den Vorsprung schon bald reiche Ernte. Natürlich können Sie den Kräutersamen auch direkt an Ort und Stelle ins Beet säen. Erntereife Kräuter gibt es dann frühestens im Hochsommer.

Die Kräuterspirale bietet Raum für viele Pflanzen.

Kräuterspirale

Nicht alle Gewürzkräuter mögen es sonnig und trocken. Einige wollen vielmehr einen sehr nahrhaften und tiefgründigen Boden. Besonders heimische Kräuter wie Bärlauch, Minzen und Liebstöckel bevorzugen den Halbschatten. Zum Anbau von Kräutern mit verschiedenen Ansprüchen eignet sich am besten die Kräuterspirale. Sie beginnt an ihrer Basis mit feuchter, fast mooraähnlicher Erde. Hierher pflanzt man z. B. Kalmus, Brunnenkresse, einige Korianderarten und Wasserminze. Darauf folgen Kräuter, die es nicht ganz so feucht mögen, aber gut mit Nährstoffen versorgt sein wollen – z. B. Minzen, Petersilie, Schnittlauch, Liebstöckel und das Zitronengras.

Da die Kräuterspirale vom Ausgangspunkt am Rand zur Mitte hin immer höher ansteigt, wird der Boden bis zur Spitze immer karger und trockener. In mittlerer Höhe pflanzt man Salbei, Basilikum, Melisse und Majoran. Die oberen Bereiche eignen sich für Thymian, Oregano, Lavendel und Rosmarin. Als Baumaterial für eine Kräuterspirale dienen Natursteine, da sie die Wärme des Tages für die Nachtstunden speichern.

Wem das Errichten einer Kräuterspirale zu mühsam erscheint, der kann auch eine Böschung mit Kräutern bepflanzen. Ganz oben jene, die eher trockeneren, nährstoffarmen Boden lieben, ganz unten all diejenigen, die es lieber feucht und nährstoffreich haben.

Eine Kräuterspirale bauen

Die richtige Zeit für den Bau einer Kräuterspirale sind Frühling und Herbst. Sie benötigen einen sonnigen küchennahen Platz und eine Fläche von etwa 3 m^2. Markieren Sie eine kreisrunde Form mit Stöcken oder Steinen, die Sie auf den Boden legen. Der Fuß der Spirale soll nach Süden zeigen, hierhin kommt später ein kleiner Folienteich. Von hier aus beginnend bauen Sie von außen nach innen spiralförmig aufsteigend eine Mauer aus Natur-, Kalk- oder Granitstein. Wichtig ist, dass der Stein zur Umgebung passt. Hinterfüllen Sie während des Mauerns mit Schotter, damit die Spirale auch in der Höhe stabil bleibt.

Der Streifen zwischen den Mauern sollte ca. 60 cm breit sein. Er wird mit einem Sand-Erde-Gemisch aufgefüllt, je höher in der Spirale, umso höher der Sandanteil. Beim Teich am Fuß der Spirale verwendet man nahrhafte Komposterde.

Die Bepflanzung

Sehr stark wachsende Kräuter wie Liebstöckel, Alant oder Beinwell sollten Sie außerhalb der Kräuterspirale pflanzen. Ebenso ist bei Minzen und Estragon Vorsicht geboten. Diese wuchernden Pflanzen bilden starke Wurzelausläufer und breiten sich in kurzer Zeit rasant aus.
Den nicht winterharten Rosmarin pflanzen Sie am besten samt Topf in den oberen Bereich, so können Sie ihn zum Überwintern einfach herausnehmen und an einen geschützten Ort bringen. Das Gleiche gilt für das nicht weniger empfindliche Basilikum.

Kräuter im Topf

Besonders beliebt ist das Bepflanzen von unterschiedlich großen Keramiktöpfen oder anderen Ziergefäßen. In diesem Fall sind der Fantasie keine Grenzen gesetzt. Ob ein alter Kochtopf, eine leck gewordene Gießkanne, ein alter Schuh oder ein Steintrog – kaum ein Behältnis, das sich nicht eignet. Ein Arrangement aus vielen verschiedenen Gefäßen und Töpfen bepflanzt mit Kräutern und Sommerblumen ist ein hinreißend schönes Motiv auf Terrassen und an Steinmauern.
Achten Sie lediglich darauf, dass das Wasser aus dem Pflanzgefäß ablaufen kann, sonst entsteht Staunässe, auf die fast alle Kräuter sehr empfindlich reagieren. Löcher im Boden der Gefäße beugen dem vor.
Vor dem Befüllen mit Erde geben Sie zuunterst eine Schicht Kies oder Blähton in das Gefäß, das bewirkt eine gute Dränage und verhindert Wurzelfäule.

Pflanzbereiche der Kräuterspirale

- Fußende/Teich: feuchte nahrhafte Erde mit Brunnenkresse, Bachbunge, Kalmus, Wasserminze
- Unteres Drittel: nahrhafte mäßig feuchte Erde mit Kerbel, Petersilie, Schnittlauch, Knoblauchrauke, Wilde Rauke, Sauerampfer
- Mittleres Drittel: trockener, schwach nährstoffhaltiger Boden mit Oregano, Portulak, Melissen, Pimpinelle, Ysop
- Oben: sehr trockener, magerer sandiger Untergrund mit Bohnenkraut, Majoran, Salbei, Thymian, Lavendel, Currykraut

Platz für Kräuter ist überall.

Kräuter aus dem Garten

Name	Aussaat und Ernte	Verwendung	Besonderes
Basilikum	ganzjährig unter Glas, im Garten ab V, Blätter können laufend geerntet werden, ernten kurz vor Blüte	Blätter sind ein Universalgewürz zu Fleisch, Gemüse und Käse	Lichtkeimer, Saatgut nicht bedecken, nicht frostfest, sehr wärmeliebend, große Sortenvielfalt
Currykraut	Aussaat im Frühling unter Glas, auspflanzen im V, Ernte der frischen Triebspitzen fortlaufend	besonders in der asiatischen Küche. Attraktive Pflanzen, zur Unterpflanzung bei Rosen	geeignet, gelbe Korbblüten, leichter Winterschutz ist empfehlenswert
Estragon	ab IV ins Freiland, besser Vermehrung durch Teilung, laufende Ernte der Blätter, verliert Würzkraft beim Trocknen	für Fisch, Geflügel, als Einlegegewürz für Gemüse, zur Senfherstellung	Lichtkeimer, frostempfindlich, am aromatischsten ist französischer Estragon
Liebstöckel	Aussaat II-III unter Glas, Keimung in 2-3 Wochen bei 18-22 °C, fortlaufende Ernte der frischen Blätter, die Wurzel kann im Frühjahr geerntet werden	zum Würzen von Suppen und Salaten, die Wurzel wird als Arznei verwendet, z. B. als harntreibendes Mittel bei Nieren und Blasenleiden	Lichtkeimer, benötigt viel Platz, bis 2 m hoch, verjüngen durch Teilung
Majoran	Aussaat unter Glas ganzjährig, Auspflanzung ab Mitte V, frostempfindlich.Ernte laufend während des Sommers und im Herbst, zum Trocknen vor der Blüte komplett abschneiden	sehr häufig verwendetes einjähriges Gewürz für fast alle Fleischgerichte, Pilze, Suppen und Soßen, beliebt als Wurstgewürz	Lichtkeimer, Samen nicht bedecken. Nicht zu verwechseln mit Oregano. Wirkt nervenberuhigend

Kräuter aus dem Garten

Name	Aussaat und Ernte	Verwendung	Besonderes
Oregano	Aussaat ab III-V, Auspflanzen ab V, Ernte Blätter, blühendes Kraut 3-5 cm über der Erde abschneiden	Gewürz für Pizza, Fisch, Meeresfrüchte, in der Heilkunde ist Oreganoöl das stärkste pflanzliche Antibiotikum	bei uns z. T. verwildert, gut winterhart, liebt leicht kalkhaltige Böden, große Artenvielfalt, auch buntlaubige Arten und Sorten
Petersilie	Aussaat ab Mitte III bis Mitte XIII ins Beet, Ernte ab V bis zum Frost	für Fleisch- und Fisch, Suppen und Salate, frisch oder eingefroren.	gekräuselte Sorten sind nicht ganz so aromatisch wie glattblättrige.
Rosmarin	Aussaat bei 20-25 °C, Keimdauer ca. 4 Wochen, auspflanzen ab Mitte V, Triebstecklinge. Ernte ganzjährig	Gewürz fürs Grillhendl, Fisch, Fleisch und Suppen. Weitere Verwendung als Tee, oder als anregender Badezusatz	im Weinklima winterhart, sonst im Kalthaus überwintern. Vor dem Überwintern nicht zurückschneiden, wenig gießen
Salbei	Aussaat im V ins Saatbeet, bei 18-25° ca. 2-3 Wochen Keimdauer. Ernte der Blätter ganzjährig, zum Trocknen erntet man vor der Blüte	zum Würzen von Fleisch und Geflügelgerichten, zum Grillen und Braten, als Arznei bei Entzündungen im Mund und Rachen, als Tee und Aufguss	sehr viele blattzierende Sorten, rote, gelbe, gelbgrüne oder silbrige Belaubung, sehr gut winterhart
Thymian	ab III Aussaat unter Glas, ab V direkt ins Beet, Auspflanzung ebenfalls Mitte V. Ernte kurz vor oder während der Blüte	frisch oder getrocknet für Fleisch (Lamm) und Suppen. Bei Husten und Erkrankungen der Atemwege	Lichtkeimer, auf nährstoffarmen durchlässigen Böden, sehr viele Sorten erhältlich

Der Gemüsegarten

Es ist noch gar nicht allzu lange her, dass für viele Menschen ein kleiner Flecken Land zum Anbau von Gemüse eine Frage des Überlebens war. Dann folgte eine Zeit, in der es eher zum guten Ton gehörte, auf Gemüse im Garten zu verzichten – als Zeichen des neuen Wohlstandes.

Die Zeiten haben sich abermals geändert. Der Wohlstand ist für die meisten der gleiche geblieben, doch der Lebensstil hat sich gewandelt. Heute geht es zum Glück nicht mehr um die Frage des Überlebens, sondern darum, länger zu leben und gesund alt zu werden. Dabei spielt die Ernährung eine entscheidende Rolle! Der eigene Gemüsegarten ist eine Chance, einwandfreies und gesundes Gemüse mit Herkunftsgarantie zu ernten.

Gemüsegärten planen

Am Anfang steht die Frage, was bei der Planung eines Gemüsegartens zu beachten ist. Sie sollten sich vor allem darüber im Klaren sein, wie intensiv Sie ihn bewirtschaften wollen. Reichen Ihnen einige Kräuter, Karotten und noch ein paar Salat- und Porreepflanzen, oder wollen Sie möglichst viele Gemüsearten ausprobieren und anbauen.

Nehmen Sie sich nicht gleich zu viel vor! Planen Sie erst einmal eine kleine Fläche mit leicht zu kultivierenden Pflanzen, um ein wenig Erfahrung zu sammeln. Das Heranziehen von brauchbarem Gemüse ist nämlich nicht ganz einfach, ein bisschen gärtnerisches Geschick gehört schon dazu – selbst wenn alle Rahmenbedingungen wie Licht, Boden, Temperatur und Feuchtigkeit passen, ist das noch lange keine Garantie für eine üppige Ernte.

Die Voraussetzungen

Lassen Sie mich Ihnen zunächst einige wichtige Zusammenhänge erläutern. Pflanzen brauchen zum Gedeihen u. a. Licht, Wärme, Feuchtigkeit und Nährstoffe. Diese vier Faktoren sind untrennbar miteinander verbunden und beeinflussen sich gegenseitig: Je wärmer es ist, umso mehr Feuchtigkeit benötigen die Pflanzen beispielsweise. Erhalten sie dabei zu wenig Licht, werden die Triebe lang und weich – sie verlieren dadurch ihre Widerstandskraft gegen Schädlinge und Krankheiten.

Eine Zierde: der traditionelle Gemüsegarten.

Sind Licht, Wärme und Feuchtigkeit ausreichend vorhanden, wollen die Pflanzen stark wachsen. Dazu brauchen sie Nährstoffe. Stehen diese nicht ausreichend zur Verfügung, ist das Resultat wieder eine dünne und schwache Pflanze. Die Kunst des Gärtners besteht nun darin, diese vier Faktoren in das richtige Verhältnis zueinander zu bringen und auszubalancieren.

Der Boden ist für die Nährstoffe und die Feuchtigkeit verantwortlich, der richtige Standort für ausreichend Licht und Wärme. Richten Sie also Ihr Hauptaugenmerk auf die Vorbereitung des Bodens und die Wahl des geeigneten Standorts.

Standortansprüche und Boden

Gemüse braucht Sonne. Wählen Sie für das Gemüsebeet also einen Platz aus, der im Tageslauf möglichst viel Licht erhält. Nun geht es an die Vorbereitung des Bodens.

Prinzipiell eignet sich ein tiefgründiger Boden ohne Staunässe. Die Humusschicht sollte ca. 30 cm dick sein, hier müssen Sie unter

Käfers Gartentipp

Beobachten Sie Ihre Pflanzen. Optimieren Sie die Lichtverhältnisse, Temperatur und Feuchtigkeit. Wenn die Pflanzen trotzdem nicht wachsen, wird es am Nährstoffmangel liegen.

Umständen etwas nachhelfen. Je nach Bodenart können Sie dies durch Zugabe von Kompost erreichen.

Die oberen 5 cm sollten sehr feinkrümelig sein, mit einer Hacke und einem Rechen geht das problemlos. Positiver Nebeneffekt: Ihr Kreislauf kommt in Schwung und die Rücken- und Armmuskulatur wird gestärkt.

Der Gemüsegarten ist nun beinahe fertig. Nur noch einige Tipps vorweg. Halten Sie den Boden, solange die Pflanzen noch sehr klein sind, unkrautfrei. Unkraut entzieht dem Boden sehr viele Nährstoffe und bildet eine Konkurrenz zum Gemüse. Dazu besteht die Gefahr, dass über das Unkraut Krankheiten und Schädlinge Fuß im Gemüsegarten fassen können.

Gemüse für Anfänger

Einsteigern sei empfohlen, mit „einfachen Gemüsearten" zu beginnen, wie z. B. Karotten, Radieschen oder Porree. Diese eignen sich zudem auch gut für eine Mischkultur.

Karotten können Sie ab April direkt ins Beet säen. Bedecken Sie die Samen leicht mit Erde und drücken Sie diese an. Der Reihenabstand beträgt 20-25 cm. Sobald die Pflanzen sichtbar sind, müssen sie vereinzelt werden. Das heißt, alle 4-6 cm soll eine kräftige Pflanze stehen bleiben, die anderen werden entfernt.

Genauso verfahren Sie mit Radieschen, einziger Unterschied: Die Samen müssen ca. 1 cm tief in die Erde. Geraten sie zu tief in die Erde, werden die Radieschen nicht rund sondern lang.

Porree können Sie direkt aussäen oder ebenfalls zukaufen – mit Pflanzen geht es schneller. Porreepflanzen setzt man in einem Abstand von 50 x 20 cm.

Salat benötigt eine Vorkultur, die eher den Profis vorbehalten ist. Kaufen Sie daher lieber Salatpflanzen. Achten sie darauf, dass die Pflänzchen nicht zu lang sind. Gedrungene, feste, gut abgehärtete Pflanzen gibt es beim Gärtner. Salat wird in einem Abstand von 25 x 25 cm gepflanzt.

Karotten im Gemüsegarten sind ein Muss!

Weitere anspruchslose Gemüse für den Einsteiger sind Kohlrabi, Kohl, Kraut, Salatrauke, Kopfsalat, Eissalat, Pflücksalat, Spinat, Buschbohnen, Erbsen und Zucchini.
Wenn Sie sich das Vereinzeln von Karotten und Radieschen ersparen wollen, dann verwenden Sie Saatbänder. Hier sind die Samenkörner in feinen Papierstreifen bereits im richtigen Abstand eingearbeitet. Die Saatbänder werden einfach auf den Boden gelegt und mit Erde bedeckt. Eine Alternative sind Saatpillen: Hier sind die Samenkörner ummantelt und somit einfacher einzeln auszubringen. Besonders bei sehr kleinen Samenkörnern, wie denen der Karotten, ist dies von Vorteil.

Gemüse richtig gießen

Wie alle anderen Gartenpflanzen wird auch Gemüse früh morgens gegossen, sodass tagsüber alle Pflanzenteile gut abtrocknen können.Beete, in denen Sie Wurzelgemüse angebaut haben, dürfen nie ganz austrocknen. Gießen würde dann ein Aufplatzen der Gemüse bewirken. Karotten und Radieschen bekommen dann tiefe Risse, durch die Schädlinge leichter eindringen können. Dies würde die ganze Ernte gefährden.

Resistente Sorten

Neue Gemüsesorten zeichnen sich in erster Linie dadurch aus, dass sie widerstandsfähiger gegen bestimmte Krankheiten sind. Das hat nichts mit Genmanipulation zu tun, diese Resistenzen werden vielmehr durch Kreuzungen mit Wildformen oder alten Sorten erreicht. Einige Beispiele sind: Tomaten: 'Philovita' (Cherrytomate), 'Phantasia' (Stabtomate, runde), besonders tolerant gegen Kraut und Braunfäule und z. T. gegen Mehltau.
Buschbohne: 'Primado' ist hoch tolerant gegen alle wichtigen Bohnenkrankheiten wie Brennflecken, Virus und Fettflecken.
Endiviensalat: 'Eros', kein vorzeitiges Schossen, keine Fäule bei herbstlicher Nässe, Ernte schon ab dem Hochsommer.
Einlegegurke: Die Sorte 'Diamant' ist hoch tolerant gegen Falschen und Echten Mehltau, weitere Vorteile dieser Spitzenzüchtung sind: bitterfrei, kernlos und sehr hoher Ertrag.
Eissalat: 'Lerinas' hat eine natürliche Resistenz gegen die grüne Salatblattlaus und ist hoch tolerant gegen Falschen Mehltau.

Mischkultur – gute Nachbarschaften

Das Bepflanzen von Beeten mit nur einer Gemüseart birgt einige Risiken. In einer solchen Monokultur steigt die Gefahr von Schädlingsbefall und Infektionen. Der beste Schutz ist Vielfalt, die am besten in Mischkultur gewährleistet ist. Das bedeutet, dass Sie auf einem Beet mehrere Gemüse- und Kräuterarten kunterbunt durcheinander anbauen. Die richtige Kombination der verschiedenen Pflanzen steigert nicht nur den Ertrag, sondern auch die Qualität und den Geschmack. Ganz nebenbei haben Schädlinge und Krankheiten kaum noch eine Chance, ein ganzes Gemüsebeet hinwegzuraffen. Ein weiterer Vorteil dieses Anbauverfahrens ist, dass der Boden ständig beschattet ist und Unkraut in Schach gehalten wird. Die Verdunstung wird zudem vermindert und der Platz besser genutzt, da Lücken durch Nachpflanzungen sofort geschlossen werden können. Es entstehen naturnahe Bedingungen.

Gute Nachbarschaften

Bohnen – Bohnenkraut
Bohnen – Karotten – Karfiol
Buschbohnen – Tomaten
Feldsalat – Kohl – Porree
Gurken – Dill – Erbsen
Kohl – Sellerie – Tomaten
Kartoffeln – Kohl
Kartoffeln – Kümmel – Kapuzinerkresse
Karotten – Salat – Schnittlauch
Karotten – Zwiebeln
Karotten – Zwiebeln oder Porree – Dill
Radieschen – Petersilie
Salat – Karotten – Stangenbohnen
Salat – Kohlgewächse
Salat – Kresse – Radieschen
Salat – Radieschen – Kohlrabi
Tomaten – Petersilie oder Zwiebeln
Tomaten – Wurzelpetersilie – Basilikum;
Pflücksalat – Erbsen – Radieschen
Porree – Sellerie – Buschbohnen

Die Anlage einer Mischkultur erfordert Wissen über die Verträglichkeit der Pflanzenarten untereinander. Viele Pflanzen fördern sich gegenseitig im Wachstum, andere halten Schädlinge fern. Auf Samenpäckchen findet sich oft ein Hinweis, mit welchen anderen Kulturen die jeweilige Pflanzenart gut kombinierbar ist.

Fruchtwechsel

Alle Kulturpflanzen entziehen dem Boden Nährstoffe. Sie laugen ihn gewissermaßen aus, der Boden ermüdet.

Ein und dieselbe Kultur über mehrere Jahre am gleichen Standort würde den Boden einseitig auslaugen und mit Schädlingen wie Nematoden und Pilzen anreichern, die sich auf genau diese Pflanze spezialisiert haben. Hinzu kommt, dass manche Pflanzen über die Wurzeln Substanzen ausscheiden, die andere im Wachstum hemmen.
Dem können Sie durch einen sogenannten Fruchtwechsel vorbeugen. Dabei handelt es sich um eine bereits im Mittelalter praktizierte, einfache und äußerst effiziente Anbaumethode. Das Prinzip ist bestechend einfach und lautet: Bauen Sie niemals zwei Jahre hintereinander dasselbe Gemüse oder Gemüsearten aus der gleichen Pflanzenfamilie auf demselben Beet an.
Ein weiteres Kriterium für die Planung eines Fruchtwechsels ist der Nährstoffbedarf von Pflanzen. Gemüsepflanzen unterteilt man in Stark-, Mittel- und Schwachzehrer. Eine vierte Gruppe sind Gründüngerpflanzen, die dem Boden mehr zurückgeben, als sie ihm entziehen. Auf dieser Einteilung basiert das Prinzip der Dreifelderwirtschaft. Bei dieser wechseln sich während der Saison (bei Mischkultur) oder im Jahreswechsel Stark- und Schwachzehrer zeitlich und räumlich ab. Wo zuerst ein Starkzehrer wuchs folgt ein Mittelzehrer und zuletzt ein Schwachzehrer. Ein Beet bleibt jeweils frei, hier werden Gründüngerpflanzen eingesät, und der Boden kann sich regenerieren.

Vorkultur von Salat

Wenn Sie einen Frühbeetkasten haben, können Sie die Erntesaison im Garten deutlich verlängern, zum Beispiel für Salat. Um zur gegebenen Zeit Jungpflanzen in entsprechender

Die Aufteilung des Gemüsegartens in verschiedene Beete erleichtert die Planung des Fruchtwechsels.

Qualität zur Auspflanzung zu haben, sollten Sie ab Jänner in flache Gefäße, wie Schalen oder Tassen säen. Befüllen Sie diese gut 2 cm hoch mit Anzuchterde und verteilen Sie das Saatgut gleichmäßig. Nun wird der Samen auf die Erde fest angedrückt, um einen Bodenschluss herzustellen, und anschließend dünn mit Erde bedeckt. Die ideale Keimtemperatur für Salat liegt bei 15 °C. Niedrigere Temperaturen verzögern die Keimung, höhere hingegen verhindern sie.

Sobald die ersten Keimblätter sichtbar sind, muss das Saatkistchen bei ca. 13-18 °C an einen sehr hellen Platz gestellt werden. Wichtig: Je weniger Licht, umso niedriger sollte die Temperatur sein, ansonsten werden die Pflanzen lang und weich.

Sobald außer den Keimblättern die ersten richtigen Blättchen sichtbar werden, können Sie pikieren. Zu diesem Zweck kleiden Sie eine Gemüsesteige oder ein ähnliches Gefäß mit Zeitungspapier aus und befüllen es 4-5 cm dick mit Pflanzerde (keine Blumenerde, denn diese hat nicht das richtige Nährstoffverhältnis). Die kleinen Pflänzchen werden nun vorsichtig aus dem Aussaatgefäß genommen und mittels Pikierholz einzeln im Abstand von 1,5 cm x 1,5 cm im Dreiecksverband verpflanzt. Es ist wichtig, dass die Wurzel gerade in das Pflanzloch ragt. Andernfalls verzögert sich der Beginn des Wachstums der jungen Pflänzchen.

Beispiel für einen Fruchtwechsel

- 1. Jahr Salat
- 2. Jahr Karotten
- 3. Jahr Erbsen
- 4. Jahr Zwiebel
- 5. Jahr Karfiol
- 6. Jahr Tomaten

Nährstoffansprüche von Gemüsen

- **Starkzehrer** sind Blumenkohl, Fenchel, Kohlrabi, Kartoffel, Kürbis, Mangold, Porree, Rotkohl, Sellerie, Tomate, Weißkohl, Wirsing.
- **Mittelzehrer** sind Aubergine, Knoblauch, Kopfsalat, Karotte, Paprika, Radieschen, Rettich, Rosenkohl, Rote Bete, Schwarzwurzel, Spinat, Zwiebel.
- **Schwachzehrer** sind Buschbohne, Erbse, Feldsalat, Kräuter, Stangenbohne, Winterendivie.

Hochbeete schonen den Rücken.

Die Pflanzen können nun in kühler Umgebung bei etwa 12 °C gehalten werden, bis sich die Witterung eignet, sie in den Frühbeetkasten zu setzen. Dies ist etwa Ende März/Anfang April der Fall. Kurz vor dem Auspflanzen gehören die Pflanzen abgehärtet. Dazu können Sie innerhalb von 4-5 Tagen die Temperatur in der Nacht gegen 0 °C absenken. Eignet sich das Wetter nicht zur Bepflanzung des Frühbeets, müssen Sie die Jungpflanzen kühl und hell weiterkultivieren, damit sie nicht zu groß werden.
Nach dem Auspflanzen ins Frühbeet ist in der Nacht ein Kälteschutz empfehlenswert, obwohl frühe Salatsorten problemlos Temperaturen bis zu minus 7 °C aushalten. Lüften Sie bei schönem Wetter das Beet tagsüber, da der frühe Salat bei zu hohen Temperaturen keine festen Häuptel bildet.

Die Ernte verfrühen

Im zeitigen Frühjahr herrschen oft noch raue Witterungsverhältnisse. Zum Schutz früher Kulturen sollten Sie daher ein Gartenvlies über das Beet breiten und an den Rändern befestigen. Unter diesem Schutz entsteht ein für die Pflanzen angenehmes Mikroklima, der Erntezeitpunkt wird verfrüht.
Eine „mitwachsende" Folie hat unzählige kleine Schlitze, so ist sie elastisch und luftdurchlässig und passt sich den wachsenden Pflanzen an. Bei sehr feuchter Witterung kann es aber zu Fäulnis kommen, aus diesem Grund ist ein Vlies vorzuziehen.
Eine weitere Möglichkeit der Gemüseverfrühung ist ein Folientunnel. Sie können einen solchen fertig kaufen oder selber bauen. Dazu biegen Sie einige Drahtstäbe oder Weiden-

Salat aus dem eigenen Garten ist gesund und bekömmlich.

äste, stecken diese mit den Enden in die Erde und überziehen alles mit einer dünnen Baufolie. Noch besser ist es, eine Art Pultdach aus Holzleisten zu zimmern, mit Folie zu überziehen und über das zu schützende Gemüse zu legen. Den Folientunnel müssen Sie bei starker Sonneneinstrahlung unbedingt lüften, da es sonst für das Gemüse zu heiß wird.

Käfers Gartentipp

Kohlgemüsearten sind weniger frostfest als Salat. Nach dem Auspflanzen sollten sie nicht kälter als - 2° C stehen. Frostschäden erkennen Sie am Weißwerden der Blätter.

Gärtnern im Hochbeet

Hochbeete bieten sehr viele Vorteile. Egal, ob beim Pflanzen, bei der Ernte oder beim Unkrautjäten – der Rücken wird wesentlich weniger belastet, da sämtliche Arbeiten in nur leicht gebückter Haltung verrichtet werden. Wurzelunkräuter können im Hochbeet besser in Schach gehalten werden, durch die Abtrennung von der Umgebung gelangen sie erst gar nicht hinein. Auch Schnecken und andere tierische Schädlinge können Sie besser unter Kontrolle halten.
Aber auch den Pflanzen bieten Hochbeete bessere Lebensbedingungen. Durch den richtigen Schichtaufbau verbessert man die Bodenwärme und den Feuchtigkeitshaushalt.

Besonders wenn der Mutterboden für den Anbau von Gemüse nicht geeignet ist, bietet ein Hochbeet eine gute Möglichkeit für eine erfolgreiche Gemüseernte.

Hochbeet im Eigenbau

Ein Hochbeet wird idealerweise in Nord-Süd-Richtung angelegt. Die Einfassung kann aus Holz, Stein, Beton oder Blech bestehen. Wenn Sie sich für Holz entscheiden, dann scheuen Sie nicht die Mehrausgaben für Lärchenholz. Lärchenholz hält auch ohne Imprägnierung bis zu 15 Jahre.
Heben Sie zunächst eine rechteckige Grube mit der Grundfläche des zukünftigen Hochbeets 20-30 cm tief aus. Heben Sie das Aushubmaterial auf, es wird später noch benötigt. Damit das Beet von allen Seiten gut zugänglich ist, sollte es nicht breiter sein als die doppelte Armlänge. Steht die Umrahmung, können Sie mit dem Befüllen beginnen. Legen Sie zuvor einen feinmaschigen Draht auf den Boden der Grube. Dieser hält die lästigen Wühlmäuse fern.
Der innere Kern des Hügelbeets besteht aus einer etwa 25 cm dicken Schicht aus feinen Zweigen und Ästen, die regelmäßig auf der Grundfläche ausgebracht wird. Sie gewährleistet eine gute Durchlüftung und Dränage. Darauf kommt das Aushubmaterial samt den Grassoden, vermischt mit Staudenschnitt und feinem Häckselmaterial. Steht Laub zur Verfügung, können Sie eine 25-30 cm dick Schicht einbauen. Es folgt eine ebenso dick Schicht aus Rohkompost oder halbverrottetem Stallmist. Den Abschluss bildet eine mindestens 25 cm dicke Schicht aus Feinkompost und Gartenerde.

Pflanzen Sie in den ersten zwei Jahren nur stark zehrendes Gemüse wie Tomaten, Gurken, Kohlgewächse, Kartoffeln oder Zucchini. So verhindern Sie, dass sich im Boden Nitrate anreichern. Später folgen Salat, Zwiebeln, Lauch oder Karotten

Gemüse in Topf und Kübel

Steht überhaupt kein Platz zur Verfügung, können Sie manche Gemüsesorten sogar auf dem Balkon in Töpfen oder Kübeln kultivieren. Besonders Tomaten, Gurken und Paprika eignen sich zur Topfkultur. Verwenden Sie große Kunststoffkübel. Geben Sie zur Dränage 10–15 cm Blähton hinein und decken Sie die Schicht mit einem Vlies ab. Als Pflanzerde verwenden Sie gesiebten Kompost. Nach dem Einsetzen der Pflanzen sollten Sie Rankstäbe in die Erde stecken.
Nicht nur Tomaten, Gurken und Paprika können in Gefäßen gezogen werden, auch Bohnen, Erbsen, Melanzani (Eierfrucht) und Zucchini sind dafür geeignet. Für die Topfkultur ist es nötig, während der Wachstumsperiode zu düngen. Die Komposterde reicht nicht aus, um die Pflanzen ausreichend mit Nährstoffen zu versorgen. Als Dünger eignen sich hier Hornspäne, Hornmehl oder Guano. Auf schnell lösliche Düngesalze sollten Sie verzichten. Eine Überdüngung bewirkt, dass Pflanzen und Früchte krankheitsanfälliger werden und schlechter haltbar sind. Früchte wie Gurken, Tomaten und Paprika wachsen bei einem Zuviel an Nährstoffen sehr schnell, was aber auf Kosten des Geschmacks geht.

Salat- und Gemüsesorten

Art/Sorte	Aussaat/Ernte	Ansprüche	Besonderes
Chinakohl 'Yuki'	D: VI-Anf. VIII E: X-XI ab - 5 °C Frostschäden	lehmiger Sandboden, hoher Stickstoffbedarf	tolerant gegen Kohlhernie und falschen Mehltau, sehr gut lagerfähig
Kohlrabi 'Blaro' – blau 'Lanro' – weiß	V: I-III A: III-VIII D: III- VI E: VI-X	warmer Boden für die Jungpflanzenanzucht, sonst guter Gartenboden	sehr zart auch bei später Ernte, schossfest, alte Sorte der Firma Roggli
Kopfsalat 'Sylvesta'	V: I-VIII A: III-IX D: IV-VII E: V-X	für Böden mit mittlerer Nährstoffversorgung, Keimtemperatur nicht über 20 °C	resistent gegen viele Mehltaurassen, tolerant gegen Virus, resistent gegen grüne Salatlaus
Lauch, Porree	VK: II-IV A: IV-VI D: III-V E: VII-XII	kräftige, nährstoffreiche, tiefgründige Lehmböden, sehr hoher Stickstoffbedarf	wichtiges Herbst- und Wintergemüse, enthält viele Mineralstoffe und Vitamine, leichte antibiotische Wirkung. Durch Anhäufeln entstehen schöne weiße Schäfte
Mangold	D: IV-VII, IX E: VI-IX, XI-XII	gute humose Gartenböden, Sand- und schwere Lehmböden sind ungeeignet, im Herbst vor der Frühjahrsaussaat tiefe Bodenlockerung	sehr vitaminreiches Blattgemüse (A, B1, B2, C), viel Carotin und Calcium sowie Eisen
Melanzani, Aubergine	V: II-IV A: V-VI Nachttemperatur über 10 °C E: VII-X	nur in günstigen, warmen Lagen als Freilandkultur, besser in Töpfen und Trögen in gute Kompost- oder Gartenerde pflanzen, hoher Düngebedarf (ähnlich Tomate)	wirkt positiv bei Magen- und Darmerkrankungen für Diabetiker, die meisten Inhaltsstoffe und Vitamine sind in der Schale

V = Vorkultur; A = Auspflanztermin; D = Direktsaat ins Beet; E = Ernte

Register

Ackerschachtelhalmbrühe 77
Algen 20, 26
Anemonen 12
Anzuchterde 62, 63
Apfel 'James Grieve' 103
Astilben 12
Aussaaterde 62

Balkonpflanzen 63 f.
- gießen 51
Basilikum 112
Bäume, schwachwüchsige 65
Baumformen 65
Baumscheibe 98
Beerenobst 102 f.
Beeteinfassungen 12, 15
Beetrosen 79
Bewässerung, automatische 53
Biologisches Gleichgewicht 24
Blattläuse 79, 107
Blaue Lupine 58
Blumenwiese 91
Boden 54 ff.
-, Entstehung 55
-, Lehmboden 57
-, rosenmüder 75
-, Sandboden 56
-, Tonboden 56
Bodenarten 55
-, Bestimmung 56
Bodenbearbeitung 60
-, Hacken 60
-, Lockern 60
-, Mulchen 60
Bodendeckerrosen 76
Bodengare 55
Bodenmüdigkeit 75
Bodenverbesserung 59
Bohnen 59
Brennnesselbrühe 107
Brombeeren 102
Buschbohne, resistente Sorten 117

Chinakohl 'Yuki' 123
Clematis 15
Containerrosen 73
Currykraut 112

Dauerhumus 57
Dünger 58

Edelrosen 79
Efeu 15
Eiche 37
Eissalat 117
Elfenblume (*Epimedium* x *versicolor*) 13
Endiviensalat 117
Erbsen 59
Erdbeere 'Ostara' 103
Erhaltungsschnitt 69
Ernteverfrühung 120
Erziehungsschnitt 69
Estragon 112

Fassadenbegrünung 15
Fertigerden 61 ff.
Fertigteich 20 f.
Feuchtigkeitsmesser 49
Fingerprobe 56
Flüssigdünger 63
Folienteich 21 f.
Folientunnel 120
Formschnitt 69
Frauenmantel (*Alchemilla mollis*) 13
Frostkeimer 41
Frostschäden 43, 44
Frosttrocknis 44
Fruchtwechsel 118, 119
Frühbeet 120
Funkie (*Hosta*) 12, 13

Gartenboden siehe Boden
Gartengestaltung 9 ff.
Gartenmauer 33 ff.
Gartenpflanzen gießen 52
Gartenteich 11, 19, 20 ff.
- , Standort 19
- bepflanzen 23
- im Winter 27
-, Größe 19
-, Kinder und 27
-, Pflege 20, 26 f.
-, Planung 19
-, Pumpen 22
-, reinigen 26
-, Technik 22
-, Tiere am 25
Gartenvlies 120
Gartenwege 29 ff.
-, Anlage 31
-, Beläge 30, 31
-, Breite 30
-, gepflasterte 30
-, Muster 33
-, Steine verlegen 32
-, Unterbau 31
-, Verfugen 32
Gehölze schneiden 66 f.
Gemüse 114 ff.
- gießen 117
- im Kübel 122
-, Nährstoffansprüche 120
-, resistente Sorten 117
-, Standortansprüche 115
-, Voraussetzungen 115
Gemüsegarten planen 115
Geranien 45
Gießen 48ff.
Gießfehler vermeiden 49
Gießzeitpunkt 49, 52
Gräser 82 ff.
Gründüngerpflanzen 58, 59, 118
Gurke, resistente Sorten 117

Haarwurzeln 49
Hacken 60
Hainbuche 14
Halbstämme 65
Hängeampeln 122
Hasen 47
Hauszwetschke 103
Hecken 70 ff.
-, Anlage 70
-, erziehen 70
-, Koniferenhecken 71
-, Schnitt 70, 71
Hedelfingers Riesenkirsche 103
Herbststeinbrech (*Saxifraga fortunei*) 13
Himbeere 'Autumn Biss' 103
Hochbeet 121
Hochstämme 65
Holzarten 37
Holzkonstruktionen 37
Hortensien 46, 68
Humus 57, 61
Hydrokultur 51

Immergrün (*Vinca*) 13
Immergrüne Gehölze 43

Johannisbeeren 102

Kalkanstrich 44
Kälteschutz 45
Kapillarsperre 24
Karotten 116

Kiefer 37
Kieselsteine, Pflanzinseln mit 13
Kirschlorbeer 14
Kiwi 'Ambrosia' 103
Kletterpflanzen 15
Kletterrosen 15, 77, 79
Klinkersteine 12
Kohlgemüse 121
Kohlrabisorten 123
Kompost 14, 58, 59
Kopfsalat 'Sylvesta' 123
Kräuter 104 ff.
- düngen 106
- ernten 108
- konservieren 108
- pflanzen 106
- trocknen 108
- vermehren 109
-, Schädlinge 107
Kräutergarten 105 ff.
Kräuterspirale 110
-, Pflanzbereiche 111
Krone neu aufbauen 67
Krume 55
Kübelpflanzen 61
- gießen 52
- überwintern 45
- verpacken 46
Kübelrosen 63
Kunststoffbecken 20

Lärche 37
Lauch 123
Lehmboden 55
Libellen 25
Liebstöckl 112
Ligularie (*L. dentata* 'Desdemona') 13
Lößboden 55
Lupinen 59

Majoran 112
Mangold 123
Marille 'Ungarische Beste' 103
Mauern 36
Melanzani 123
Mini-Obstbäume 100
Miniteich 11. 17
- bepflanzen 18 f.
- pflegen 18
- überwintern 18
Mischkultur 117
Mittelzehrer 118, 120
Moorbeet 53
Moos 12
- im Rasen 91
Mörtelfugenmauer 36
Mulch 58, 60

Nachbarschaften im Gemüsebeet 118
Nadelgehölze, Rückschnitt 67
Natursteinpflaster 33

Oberboden 55
Obst 94 ff.
-, Auslichtungsschnitt 99
-, Bestäubung 98
-, Fremdbestäuber 97
-, Lagerung 101
-, Schädlinge 100
-, selbstfruchtbares 97
-, selbstunfruchtbares 97
Obstbäume pflanzen 96
-, Standort 95
Obstbaumschnitt 9
Obstgehölze 95
Obstkrankheiten 98
Obstschädlinge 98
Oregano 112

Petersilie 113
Pflanzen schneiden 64 ff., 68
Pflanzen, winterharte 42
Pflastern 32
Pflastersteine 32
-, Bedarf ermitteln 33
Phacelia 58
Porree 116, 123
Prachtspiere (Astilbe) 13

Radieschen 117
Rasen 47, 84 ff.
- düngen 88
- im Winter 47
- mähen 89
- wässern 88
-, Aussaat 86
-, Moos im 96
-, Saatgut 87
Rasenanlage 85
Rasenboden 86
Rasenpflege 88
Regenwasser 50, 53
Rehverbiss 47
Rhododendren 68
Rhododendrenerde 62
Robinie 37
Rose 'Augusta Luise' 78
- 'Friesia' 78
- 'Heidetraum' 78
- 'Mozart' 78
- 'Nina Weibull' 78
- 'Nostalgie' 78
- 'Super Excelsa' 78
Rosen 46, 73 ff.
- düngen 77
- pflanzen 74, 75
- überwintern 46, 79
-, Beetrosen 75
-, Boden 74
-, Bodendeckerrosen 75
-, Edelrosen 75
-, Frühjahrspflanzung 76
-, Kauf 73
-, Kletterrosen 75
-, robuste 79
-, Rückschnitt 42
-, Standort 74
-, Strauchrosen 75
-, wurzelnackte 73, 75
-, Zwergrosen 75
Rosenerde 62
Rosenkrankheiten 79
Rosenschädlinge 79
Rosenschnitt 76
Rosmarin 113
Rückschnitt, starker 67

Saatbänder 117
Saatpillen 117
Salat 116
-, Vorkultur 118 f.
Salbei 113
Sandboden 55, 56 f.
Sauzahn 61
Schatten, Pflanzen für den 13
Schaumblüte (*Tiarella*) 13
Schlämmprobe 57
Schnecken 53, 61
Schneebruch 43
Schnittmaßnahmen, Auswirkungen von 66
Schnittregeln 71
Schwachzehrer 118, 120
Seerosen 24 f.
Selbstklimmer 15
Silberkerze (*Cimicifuga ramosa*) 13
Sommerwicke 58
Spalierobst 100, 101
Sprudelstein 11
Stachelbeeren 102
Starkzehrer 118, 120
Stauden 80 ff.
- düngen 81
- pflegen 81
- teilen 81

-, Kälteschutz 82
Steinbrunnen 17
Steine 11
Steingartenstauden 81
Steinobst 95
Storchschnabel (Geranium) 13
Sträucher schneiden 67
Sträucher, blühende 68
Strauchrosen 77
Streusalz 41
Sumpfpflanzen 24

Tagetes 58
Teakholz 37
Teichfolie verlegen 22
Teichgrube 21
Teichzonen 23
Thymian 113
Tomaten, resistente Sorten 117
Tonboden 56
Torf 61, 62
Trittsteine verlegen 11 f.
Trockenmauer 33 f.
-, Konstruktion 35
Trompetenwinde 15

Unkraut 14, 116
Unterwasserpflanzen 24

Veränderungen im Garten 10
Verjüngungsschnitt 69
Vertikutieren 89

Wasser im Garten 11, 16 ff.
Wasserbecken 17
Wasserkäfer 25
Wasserläufer 25
Wasserpflanzen 17, 19, 24 f.
Wasserspiele 11
Wege im Garten 12
Weggestaltung 29, 30
Wein 102
Weintraube 'Roter Gutedel' 103
Wicken 59
Wiese 91
Winterroggen 58
Winterschäden 41 f.
Winterschutz 42 f.
Wühlmäuse 47
Wundverschluss 67
Wurzelfäule 45
Wurzelgemüse 117

Ziegelmauer 36
Zwergkoniferen 66
Zwergsträucher 65

Gärtnerei Käfer: www.blumenkaefer.at

Bildquellen

Umschlag: Ulrich Hantsch
Atelier Lehmacher: Seite 43; Frank v. Berger: Seite 35, 40, 45, 47, 73, 76, 100; Gamerith: Seite 16; Graphit – Stadler & Wint-terlin: Seite 25, 46 u., 105, 108; Petra Jarosch: Seite 15, 21, 23, 28, 31, 32, 33, 36, 46 o., 52, 53, 66, 77, 95, 104, 115, 119; Johannes Käfer: Seite 6, 7, 86, 89 (Privat); Wolfgang Redeleit: Seite 55, 56, 65, 94; Thinschmidt: Seite 14 u.;
Alle anderen: Ulrich Hantsch

Impressum

E-Mail: buch@avbuch.at, Internet: www.avbuch.at

Die Deutsche Bibliothek – CIP-Einheitsaufnahme
Die Deutsche Bibliothek verzeichnet diese Publikation in der Deutschen Nationalbibliografie;
detaillierte bibliografische Daten sind im Internet über http://dnb.ddb.de abrufbar.

Projektleitung (Lektorat und Herstellung):
Redaktionsbüro Wolfgang Funke, Augsburg
Umschlag & Layoutentwurf: Ravenstein + Partner, Verden
Satz: Atelier Lehmacher, Friedberg/Bayern
Bildreproduktion: Hantsch & Jesch OEG, Leopoldsdorf
Druck und Bindung: Westermanndruck, Zwickau
Printed in Germany

ISBN: 978-3-7040-2221-9